T0247129

Habla con seguridad

Sobre el autor

Nick Gold es director general de Speakers Corner, una de las principales agencias de oradores y presentadores del mundo, que a lo largo de veinte años ha creado una red de más de 7.500 oradores a nivel internacional. También es director de Speaking Office, una empresa de gestión de oradores. Es presidente de la Asociación Internacional de Oficinas de Conferenciantes (IASB, por sus siglas en inglés), tras haber presidido durante años la European Association of Speakers Bureaux (EASB). Ha intervenido en importantes eventos del sector, como Confex y The Business Show, y ha colaborado en numerosas ocasiones con medios de comunicación del Reino Unido, como *Telegraph*, *City AM* y *GQ*.

Nick Gold

Habla con seguridad

REVERTÉ MANAGEMENT

Descuentos y ediciones especiales

Los títulos de Reverté Management (REM) se pueden conseguir con importantes descuentos cuando se compran en grandes cantidades para regalos de empresas y promociones de ventas. También se pueden hacer ediciones especiales con logotipos corporativos, cubiertas personalizadas o con fajas y sobrecubiertas añadidas.

Para obtener más detalles e información sobre descuentos tanto en formato impreso como electrónico, póngase en contacto con revertemanagement@reverte.com o llame al teléfono (+34) 93 419 33 36.

Speaking with Confidence
Habla con seguridad

Copyright © Nick Gold, 2020
First published as SPEAKING WITH CONFIDENCE in 2020 by Penguin Business which is part of the Penguin Random House group of companies.

© **Editorial Reverté, S. A., 2023**
Loreto 13-15, Local B. 08029 Barcelona – España
revertemanagement.com

Edición en papel
ISBN: 978-84-17963-67-5

Edición en ebook
ISBN: 978-84-291-9725-9 (ePub)
ISBN: 978-84-291-9726-6 (PDF)

Editores: Ariela Rodríguez / Ramón Reverté
Coordinación editorial y maquetación: Patricia Reverté
Traducción: Irene Muñoz Serrulla
Revisión de textos: Mariló Caballer Gil

Impreso en España – *Printed in Spain*
Depósito legal: B 23073-2022
Impresión y encuadernación: Liberdúplex
Barcelona – España

89

A mi padre, Lawrence Gold, al que siempre recordaré.
Él me transmitió confianza y buenos consejos para
forjarme una opinión y hablar con seguridad.

Contenido

Introducción

Tú *puedes* hablar con seguridad. Si sigues las indicaciones y los consejos de estas páginas, no me cabe la más mínima duda de que te convertirás en un experto orador. Quizá te parezca una aseveración muy atrevida, pero estoy convencido de que así será. Todo el mundo puede aprender a hablar bien.

De todos modos, a mucha gente le da miedo hablar ante un auditorio. De hecho, existe un término técnico para referirse a este temor: *glosofobia*. Es tan común que se cree que afecta hasta al 75 % de la población, y se estima que, entre ellos, un 10 % tienen graves problemas. Si eres uno de los muchos que forman parte de este porcentaje, quizá pienses que tu problema no tiene solución. No es así. Con la preparación y el apoyo adecuados, puedes superar tus limitaciones y los obstáculos. En los próximos capítulos te ayudaré a que veas la oratoria de una forma novedosa que rebajará gran parte de tu ansiedad y te permitirá tomar el control de la situación. Digo «gran parte» y no «toda», porque estar algo nervioso también tiene su lado bueno. Si los nervios se aprovechan adecuadamente, aportan la energía necesaria para tu intervención. Te ayudan a concentrarte y a comunicarte.

Uno de los factores básicos para hablar en público con éxito es entender que, por muy bueno que seas, el máximo protagonista siempre es el público. El público es el centro de atención. No tú. Más adelante expondré cómo funciona esto y cómo utilizarlo a tu favor, porque si lo entiendes con claridad, podrás aumentar la confianza en ti mismo y tu rendimiento. También explicaré por qué hablar en público no es, en absoluto, un camino de dirección única. Los mejores discursos son similares a una conversación, y provocan de manera activa contacto y diferentes reacciones. El objetivo debe ser siempre:

- captar la atención de tu público, y
- conseguir tener un impacto duradero.

El tiempo que pasamos ante el público para pronunciar un discurso es solo una parte del proceso. Por este motivo, divido el proceso de elaboración de un discurso en «antes», «durante» y «después»: las tres etapas vitales para garantizar que tu mensaje llegue a buen puerto. Esto incluye aspectos como la creación de un entorno en el que te sientas cómodo. Gran parte del éxito se debe a una preparación adecuada.

Uno de los rasgos que distinguen a los grandes oradores es que no puede establecerse ningún estereotipo. Provienen de una amplia variedad de entornos, y sus personalidades son heterogéneas. De hecho, esa individualidad los hace buenos en lo suyo. Y es que ser honesto con uno mismo es la base del éxito de la oratoria. Razón de más para que puedas creerme cuando digo que cualquiera puede hacerlo.

Tú también puedes.

He tenido la suerte de emprender y disfrutar de una carrera que me ha sumergido en el mundo de la oratoria. Soy el director general de Speakers Corner, empresa que ha crecido hasta convertirse en una de las mayores agencias de conferenciantes del mundo. Trabajamos en más de 1.000 eventos al año y tenemos más de 7.000 ponentes en nuestra cartera. Además, con mi hermano Tim Gold y con Michael Levey fundamos la empresa de gestión de conferenciantes Speaking Office. Mi trabajo consiste en ayudar a las personas a que superen sus miedos o barreras y a que saquen el máximo partido a su talento.

Así que, además de mis pensamientos y teorías, este libro está repleto de ideas de algunos de los grandes oradores con los que a menudo tengo el placer de trabajar. Lo que dicen es sincero, esclarecedor y muy práctico. Es una oportunidad de oro para aprender de algunos maestros de la oratoria que con gran generosidad han compartido sus «secretos profesionales».

Desterremos la glosofobia.

Ha llegado el momento de que te conviertas en un glosófilo dotado de las habilidades y la confianza necesarias para tener al público en la palma de tu mano.

1 Muestra y cuenta

La mayoría de nosotros tiene un miedo innato a hablar en público. Nos preocupa no estar a la altura, quedarnos paralizados, trabarnos, aburrir a los asistentes o cometer errores garrafales. En este libro aprenderás que este miedo nunca va a desaparecer por completo, pero aprenderás a controlarlo, a trabajar con él y a utilizarlo a tu favor cuando hables en público. El título de este libro es *Habla con seguridad*, pero no pretendo decir que hablar en público solo sea cosa de las personas que tienen mucha seguridad en sí mismas. Muy al contrario: hablar es algo que todo el mundo puede hacer, tanto los que se sienten seguros de sí mismos como los que no. Quiero que creas en ti, porque puedes hacerlo, y hacerlo bien.

Paso 1: Creer

Al principio de nuestras vidas, todos hablamos con seguridad. Tú incluido. Sin embargo, a medida que nos hacemos mayores —y en teoría más sabios— tendemos a sentirnos más inseguros a la hora de hablar en público. Nuestro cerebro, maduro y racional, suprime las capacidades imaginativas de la infancia y deja paso al miedo y a las dudas.

Todos fuimos a la escuela primaria. En aquellos años, cuando hacíamos la actividad «Muestra y cuenta» y nos pedían que lleváramos a clase nuestro objeto favorito y habláramos sobre él, nos entusiasmaba la idea. Levantábamos la mano y la agitábamos frenéticamente esperando llamar la atención del profesor, deseando ser elegidos. Si teníamos suerte y nos elegían, nos apresurábamos a ponernos delante de toda la clase y comenzábamos a entretener y divertir a nuestros compañeros con historias de por qué ese objeto en cuestión ocupaba un lugar especial en nuestra vida y por qué era tan importante. Cada uno de nosotros, en nuestro entusiasmo por mostrar y explicar, fuimos unos auténticos oradores, que entreteníamos y atraíamos a un público deseoso de escuchar más.

Al recordar este tipo de situaciones libres de cualquier tipo de tensión, deberíamos preguntarnos por qué éramos tan capaces de hacerlo. ¿Qué nos infundía confianza para ponernos de pie y hablar sin haber pasado por semanas de preparación, estrés y reflexión? Y lo más importante, ¿qué mantuvo a nuestra audiencia atenta y fascinada con nuestro relato sobre nuestra posesión más preciada? Para cualquier orador, sea cual sea la situación, la respuesta a esta pregunta es el primer y más importante de los pasos a seguir para tener éxito: creer.

Los niños que muestran y explican su objeto preferido hablan de algo en lo que creen, de algo que le importa con verdadera pasión. Utilizan sus propias palabras, en lugar de leerlas o de transmitir palabras que otra persona ha escrito. Esto les permite dar vida a una historia que es *su historia*, impregnada de su propia experiencia y personalidad.

ESTUDIO DE UN CASO

Will Butler-Adams: Entusiasmo natural

Will Butler-Adams, jefe de Brompton Bicycle y Brompton Bike Hire y reputado orador, es un admirador de este tipo de enfoque. Explica que no hay que «cuidar demasiado» las palabras para que brille tu yo natural. «Porque si te excedes, es como si estuvieras leyendo de un libro de texto; y eso resulta rebuscado y artificial. Así que, si lo que estás contando no sale de ti, entonces es probable que no te sientas relajado al hacerlo».

El entusiasmo no es fruto de ninguna interpretación ni es algo forzado. Al contrario, es un entusiasmo natural y contagioso hacia el exterior. Lo que significa que el público, cautivado por tu pasión, participa activamente en el viaje. Quieren formar parte de lo que ocurre.

Entiendo que todo lo antes mencionado puede ser fácilmente descartado o ignorado. Después de todo, estoy hablando de la actividad «Muestra y cuenta» de la escuela primaria, cuando teníamos toda la vida por delante y no nos agobiaba la cruda realidad del mundo de los adultos. Antes de que nos preocupara el juicio de nuestra audiencia. Antes de tener que plantearnos de qué manera nuestra forma de actuar ante otras personas podría tener un gran impacto en nuestras perspectivas de futuro profesional, credibilidad y reputación.

Por lo tanto, no es de extrañar que como adultos, nos sintamos más amenazados a la hora de hablar en público que cuando éramos más jóvenes.

Sin embargo, aunque creo que todos deberíamos aspirar a mantener el mismo entusiasmo por la vida y el espíritu aventurero que teníamos cuando éramos niños, ese no es el principal objetivo al evocar el «Muestra y cuenta» de la escuela primaria, sino el de recordar que todos tenemos la capacidad de creer en nosotros mismos, y que, a veces, solo necesitamos redescubrirla.

Paso 2: Propiedad

Ahora me gustaría que te centraras en el sentido de propiedad del contenido. Exactamente igual que cuando eras niño y mostrabas con orgullo a tus compañeros de clase algo que realmente significaba mucho para ti, ya fuera tu juguete favorito de Star Wars, el autógrafo de un famoso cantante o el *frisbee* mordisqueado que lanzabas una y otra vez a tu adorado perro.

¿Qué significa esto en el caso concreto de un orador que pretende pronunciar su discurso con convicción? Significa que debe creer en el contenido que va a compartir con su público y, lo que es más importante, hacerlo *suyo*. Por *contenido* no nos referimos a los datos en bruto. Por ejemplo, si estás haciendo una presentación de negocios, es muy probable que no seas la única persona que haya participado en la elaboración del contenido. Por lo general, al menos una parte de la presentación habrá sido fruto del trabajo en equipo. Pero, aun así, puedes hacerla tuya. Para que realmente el contenido signifique algo para ti, tienes que combinar la información con tus propias experiencias y darle tu toque personal. Como orador, cuantas más historias propias puedas entrelazar con los mensajes que quieres transmitir, más implicada se sentirá la audiencia.

Por supuesto, hay que tener cuidado de no meter con calzador esos contenidos o anécdotas, de manera que resulten forzados o desconcertantes. Pero recuerda siempre que tu público desea escuchar historias. Ante todo son personas y no meros compradores, autoridades o colegas que asisten a un evento del sector, por lo que responderán positivamente a los mensajes y emociones con los que puedan identificarse y, en su caso, apostar por ellos. Dales eso y serán receptivos a los contenidos que pretendes transmitir.

Además —y esto es vital para un orador— una vez que personalizas tu discurso con tus propias historias, se convierte en algo que puedes hacer tuyo por completo. Esto te dará mayor seguridad. A medida que te adentras en el agradable terreno de contar historias sobre ti mismo y de compartir detalles de quien realmente eres, los nervios y el miedo de dar un discurso se esfuman.

ESTUDIO DE UN CASO

Gemma Milne: Combinando el conocimiento con la pasión

Gemma Milne es una joven escritora escocesa de ciencia y tecnología, además de locutora de podcasts, que se ha convertido en una inspiradora conferenciante sobre temas tan diversos como la biotecnología, la salud, la informática avanzada, el espacio, la energía y la innovación en el mundo

académico. Se vio abocada a dar su primer discurso cuando
solo había estado nueve días en su nuevo trabajo y su jefe
le pidió que hiciera una presentación sobre innovación
ante 500 personas de Dubái. Como su participación era de
45 minutos, pensó que sería aburrido dedicar todo ese tiempo
a hablar sobre el papel que desempeñaba el equipo de
innovación de la empresa. Así que decidió combinar una de
sus pasiones con un poco de información sobre lo que motiva
a las personas.

«Hice una primera parte sobre lo que hace que la gente
se sienta atraída. Eso es lo realmente importante cuando
se trata de publicidad», recuerda Gemma. «En esa parte
transmití cuánto me gustan las matemáticas, he hice algunos
juegos sencillos con números. Intentaba mostrar a la gente lo
asombrosas que son las matemáticas; mi objetivo en la vida es
hacer que todo el mundo ame las matemáticas. En esencia les
decía: "Lo que me hace vibrar, y me permite entender lo que
hace vibrar a otras personas, es *x*, *y* y *z*"».

«Me hicieron comentarios muy positivos. Sabía que no
quería introducir simplemente mi historia, sino que quería
transmitir el asombro, la fascinación y la curiosidad —además
de esa especie de ingenuo optimismo tan mío— que puede
generar cualquier tema. No me interesaban las presentaciones
corporativas. Sí, quería compartir mi amor por las
matemáticas y mi capacidad de asombrarme, pero también
sabía que eso era lo que me hacía interesante».

No cabe la menor duda de que ese conocimiento de sí
misma y esa pasión han marcado el método de Gemma en
su trayectoria como oradora. «Creo que, a veces, en una

ponencia la gente quiere saber "¿cuáles son los nueve pasos para...?", mientras que en otro tipo de ponencias la cuestión es "¿cómo me replanteo esta área, este concepto o esta idea en particular?"», dice. «Cualquiera puede aprender a hacer las dos cosas, pero creo que tus experiencias y tus preferencias tienden a hacerte encajar en una de ellas. Yo, desde luego, me inclino por "¿cómo puedo plantar una semilla y hacer que la gente piense por sí misma?", en lugar de "esta es mi experiencia, cópiala"».

¿Qué anécdotas personales que te parezcan genuinas y que den una idea de tu carácter puedes contar? ¿De qué cosas de tu vida —pasatiempos, héroes o heroínas— puedes hablar sin complejos? ¿De qué tema hablarías si solo te dieran un minuto para hacerlo? ¿Qué te hace especial? Estos son los detalles que interesan a tu audiencia y que harán que tu discurso sea memorable.

Consejos para un orador

- Sé el apasionado dueño de tu contenido.
- Emprende un viaje con tu público.
- Aprovecha el «Muestra y cuenta» que llevas dentro.

2. ¿Cuál es tu marca?

El mundo está lleno de marcas. Están por todas partes: desde los coches que conducimos hasta la ropa que vestimos; desde la tecnología que utilizamos hasta los alimentos y bebidas envasados que consumimos; desde los productos financieros hasta las aerolíneas con las que volamos. Son marcas gestionadas con extremo cuidado, con cualidades que reconocemos y con las que nos identificamos. Y todos tenemos nuestras marcas favoritas. Aquellas en las que confiamos por su rendimiento y su fiabilidad; o aquellas que nos atraen porque están en sintonía con nuestros valores, nuestras aspiraciones y con la forma en que vivimos la vida.

Nada de esto ocurre por casualidad. Se cuida y se protege hasta el más mínimo detalle de las marcas corporativas y de producto. Equipos de personas trabajan mucho en su posicionamiento y su mensaje, asegurándose de que lo que representa una marca se transmite correctamente y va dirigido al público adecuado. Para muchas empresas, la marca es su activo más valioso.

Cuando la palabra «marca» se aplica a las personas es inevitable pensar en aquellas celebridades identificables al instante por un nombre de pila o un apodo. Beyoncé, Adele,

Posh&Becks, Rihanna, Ant & Dec, CR7... son estrellas cuya marca representa la imagen que intentan mostrar al mundo. Al oír estos nombres no solo identificamos a las personas, sino también lo que representan.

La marca personal no es solo del dominio de las celebridades; cada persona tiene su propia marca o imagen pública, pero, por lo general, no solemos pensar en nosotros como si fuéramos una marca, porque la mayor parte del tiempo tan solo hacemos las cosas sintiéndonos cómodos con lo que somos. Tenemos nuestra red de amigos y familiares que nos conocen, por lo que no necesitamos posicionarnos para que reconozcan nuestros «atributos de marca».

Incluso en un entorno más formal, como es el del trabajo, solemos ir a las reuniones sabiendo que representamos la marca o los valores de la empresa para la que trabajamos. Es probable que las personas con las que nos vayamos a reunir ya hayan sacado conclusiones o presupongan qué vamos a hacer en la reunión y cómo nos posicionaremos. Sin embargo, cuando hablamos en público, sea cual sea el formato o el entorno, tenemos la oportunidad de ir más allá. Por ello, es imprescindible que posicionemos correctamente nuestra marca personal para sentar las bases del mensaje que vamos a transmitir en nuestro discurso.

La importancia del lenguaje corporal

Hablar en público con eficacia depende de mucho más que de las palabras que vayas a emplear. A lo largo de los años, se ha tratado y debatido la relación entre la comunicación verbal y la no verbal, y se ha llegado a la conclusión de que el lenguaje corporal es muy importante. Nuestras posturas, nuestros gestos y demás movimientos son leídos de manera instintiva por los otros, y cuando hablamos en público causan una impresión en la audiencia.

Se admita o no, las personas se forman juicios de valor —sobre si les caemos bien o si tendrán en cuenta lo que les vayamos a decir— basándose en nuestro lenguaje corporal. Y también en nuestro tono de voz. El texto real de nuestro discurso y el significado literal de nuestras palabras son solo una parte de la puesta en escena.

Aunque son cosas de sentido común, puede que se nos pasen por alto. Muchos oradores no tienen en cuenta que su forma de hablar y moverse constituye una parte importante de su marca personal y que, como tal, puede ejercer una gran influencia en el público.

Como vimos en el capítulo anterior, hablar en público con éxito es una cuestión de autenticidad. Tu imagen en el escenario o ante el público no puede ser una identidad artificial. Aunque puedas ingeniártelas para que las palabras y el contenido que ofrezcas casen, en última instancia tu discurso fracasará si no va en consonancia con tu marca personal. El público sospechará que hay gato encerrado. Un ejemplo de lenguaje corporal que resulta desconcertante y fuera de lugar es la famosa —y difícil de superar— llegada al escenario de la ex primera ministra Theresa May en la Conferencia del Partido Conservador de 2018 al ritmo de *Dancing Queen* de Abba. Su torpe baile difería tanto de su habitual imagen pública que la audiencia y la prensa nacional respondieron denunciando su falta de autenticidad —por decirlo de forma amable—.

Rory Sutherland: Ser fiel a uno mismo

Alguien que sabe ser fiel a su marca personal es Rory Sutherland, quien se autodenomina la «cenicienta de la publicidad». Rory ha tenido una larga e ilustre carrera en publicidad, marketing y creación de marcas, y además es un conferenciante muy solicitado sobre temas como la tecnología y el futuro de la publicidad. En el escenario tiende a hablar rápido y pretende ser entretenido, como lo es en el día a día.

«En general, intento ser igual dentro y fuera del escenario», dice Rory. «Nunca voy a potenciar la venta porque creo que es algo contraproducente. Tu charla debe hacer una demostración del producto, pero no debe ser un argumento de venta. De verdad lo creo así. Y eso hace que me sienta más cómodo hablando. Porque no me siento cómodo siendo un vendedor agresivo. No va con mi carácter hacer ese tipo de cosas. Prefiero probar algo y hablar sobre ello».

En general, una desconexión entre las palabras pronunciadas y la marca personal del orador equivale a un alto riesgo de fracaso. Siempre puede haber alguna excepción. Los actores con talento, por ejemplo, son capaces de transmitir el contenido de forma convincente en una variedad de estilos; podría decirse que los distintos personajes que un actor de talento es capaz de interpretar son como diferentes marcas. Y en lo que respecta a la entonación y al aspecto físico… ellos son los profesionales. Los que no hemos ganado un Óscar ni somos pesos pesados del teatro no podemos compararnos con ellos, así que deberíamos limitarnos a ser nosotros mismos.

Identifica tu estilo personal

Entender tu marca y, por tanto, tu estilo es un gran punto de partida para la creación y la pronunciación de un discurso. ¿Qué implica esto? Puede parecer desalentador, pero no lo es. Para empezar, solo tienes que preguntarte qué hace que te sientas cómodo. Piensa en cómo te gusta decir y hacer las cosas. Lo que estás buscando es tener una idea clara de tu personalidad natural. Cuanto más planifiques y te prepares teniendo esto en cuenta, más cómodo te sentirás ante la audiencia. Ser consciente de tu «marca» te lleva a elaborar un discurso armonioso que está en sintonía con tu personalidad. Cuando practiques, te darás cuenta de qué es lo que está fuera de lugar: ya sea en lo referente al contenido o a cómo lo presentas.

Los hábitos de conversación

Un buen consejo para aumentar el conocimiento de ti mismo es recordar las últimas conversaciones que has tenido con tus amigos; por ejemplo, cuando te has encontrado con ellos en una cafetería, un restaurante o en un encuentro virtual.

- ¿Eres tú quien tiende a dirigir la conversación?
- ¿Te muestras desafiante o provocador en tus opiniones?
- ¿Tienes facilidad para contar anécdotas divertidas?

Estos son solo algunos ejemplos de las preguntas que puedes hacerte para identificar tu estilo de conversación. Intenta evaluarte con la mayor precisión posible.

El reto de «las cinco palabras»

Es evidente que las personas actuamos de forma diferente en distintas circunstancias. Así que, para obtener una imagen completa de ti mismo, pide a un grupo de amigos y familiares en cuyo juicio confíes que te describan en cinco palabras. Las palabras elegidas por tus allegados deberían coincidir o, al menos, ser muy parecidas. Te guste o no, estos deberían ser los atributos de tu marca, que, en cierta medida, no dejan de estar definidos por las percepciones de los demás.

Si aparece un rasgo de carácter que no te gusta, puedes trabajar para mejorarlo —aunque esto es un tema para otro tipo de libro—. Donde sí puedo ayudarte es a que aproveches los adjetivos positivos y neutros que la gente ha utilizado para definirte. Hazlos tuyos, de la misma manera que deberías apropiarte de los mensajes de tu discurso. Permite que te sirvan de base para construir el texto y la presentación de tu discurso; es decir, «aprovecha tus puntos fuertes».

Puesta en escena

Cuando llegue el momento de hablar, llevarás al escenario tus propios atributos de marca en tu cabeza. Si te ciñes a tu personalidad natural, te asegurarás de que el estilo y el contenido de tus palabras sean auténticos; lo que hará que tanto tu público como tú mismo os sintáis cómodos. Veamos cómo lo hacen algunos de los oradores más experimentados.

El poder de la exageración

Los mejores oradores, una vez identificada y asumida su propia personalidad, llevan al escenario una versión de sí mismos. Eligen las partes de su personaje que más les beneficiarán al pronunciar el discurso y luego las exageran ante el público.

De nuevo, conviene subrayar que no se trata de atributos prefabricados o artificiales. Más bien se trata de facetas suyas que resaltan para ofrecer la mejor actuación posible. He disfrutado viendo a muchos oradores consumados, y es interesante destacar que son capaces de estar muy cómodos porque la forma en la que pronuncian su discurso se mantiene dentro de «la marca».

ESTUDIO DE UN CASO

Jez Rose: Sé tú mismo

«La sinceridad es fundamental: hay que ser uno mismo», dice Jez Rose, mago, locutor, conferenciante motivacional y propietario de la primera granja de abejas con huella de carbono cero. «Si no lo eres, te resultará muy difícil hacer malabares con múltiples personalidades de manera efectiva, y el resultado será un absurdo viaje para el cliente».

Jez también aconseja a la gente que no se esfuercen en adoptar un modelo muy extendido: «El hecho de que todo el mundo, y hasta sus perros, hablen de *servicio al cliente*, no quiere decir que tú también tengas que hacerlo». En cuanto a su marca personal, Jez describe su personaje en el escenario como una «versión más intensa y enérgica» de sí mismo. Como yo, insiste en que es fundamental que tu marca vaya en sintonía con el contenido y los mensajes que das.

«No solo parece más profesional y, por lo tanto, ayuda a crear confianza en ti y en tu contenido, sino que demuestra a la audiencia que has dedicado tiempo y esfuerzo en ello», dice Jez. «Si pides a la gente que se sienten a escucharte durante una hora o más, ¿por qué iban a molestarse en hacerlo si tú no te has molestado en dedicar tiempo a ello? Los pequeños detalles marcan la diferencia».

La importancia de la preparación

Aunque las posibilidades de éxito son mucho mayores si el discurso se corresponde con la imagen de marca, adecuar tu marca personal es algo que debes hacer mucho antes del día del discurso. Conocer bien tu marca a la hora de redactar tu discurso te proporcionará claridad y sentido al estilo del discurso y a su estructura.

Escribe tu discurso teniendo muy clara cuál es tu marca personal y cómo vas a transmitir sus atributos. Mientras redactas, visualiza cómo vas a pronunciar cada parte del discurso de una forma que resulte natural. Esto te ayudará tanto a la hora de escribirlo como cuando llegue el momento de exponerlo.

Transmitir los mensajes claves

Cuando estés entrelazando los mensajes clave que quieras transmitir, adécualos a la perspectiva de tu marca y tus creencias. Verifica si los mensajes que vas a transmitir se adaptan a tu marca y no la contradicen.

Merece la pena que tengas en cuenta que no te identificarás con todos los mensajes del discurso de igual manera. Algunos serán esenciales, incluso intocables. Otros, no tanto. Detente un momento a pensar cómo puedes hacer encajar esos mensajes menos importantes con tu marca. ¿Cómo puedes expresarlos sin que parezca algo forzado? Cuanto más asimilados los tengas, mejor será tu discurso, porque minimizarás esos incómodos «momentos de tregua». Son los momentos en los que se hace una pausa en el discurso esperando que el público se sienta cómodo; lo cual es mucho más fácil de conseguir si se logra que el lenguaje corporal y los mensajes vayan en consonancia. Y eso resultará más natural si antes has dedicado el tiempo necesario para entender cómo pueden encajar con tu marca esos mensajes más triviales.

Si no te planteas estos detalles antes de pronunciar tu discurso, corres el riesgo de que algunos de los puntos que tratas de exponer queden solapados por tu propia expresión corporal.

Credibilidad

Nadie discute que el éxito de cualquier discurso depende de algo más que de las palabras pronunciadas. En la fase de construcción del discurso, así como durante la exposición, el orador debe saber quién es y cuál es su marca. Debes evitar ponerte en una situación en la que te sientas incómodo o sucumbir a la tentación de forzar una imagen que no es la tuya. Esta es una gran trampa. El público se dará cuenta de que estás interpretando a un personaje forzado y, a partir de ese momento, lo más probable es que empiece a preguntarse qué otras cosas de la presentación podrían ser falsas. Pueden empezar a cuestionarse si toda la información que estás compartiendo con ellos es genuina y veraz.

Está claro que quieres evitar este tipo de situaciones. Así que utiliza tu marca para salvaguardar tu credibilidad. Si haces el trabajo de base que he expuesto antes, hay muchas posibilidades de que tu discurso dé en el blanco.

Consejos para un orador

- Mantente fiel a lo que te hace sentir cómodo.

3. ¿Cuál es tu mensaje?

Te han pedido que pronuncies un discurso, que dirijas una reunión importante, que presentes tu investigación a un grupo o que hagas una propuesta de inversión. Eso es algo estupendo. Una oportunidad maravillosa. Ahora bien, ¿por dónde empezar?

Identificar los mensajes principales

Al planificar tu discurso con antelación, te estás dando la mejor oportunidad de éxito posible. En cuanto a los mensajes principales, el tiempo que dediques a esta parte del proceso no solo es valioso a corto plazo, para el discurso o la presentación en cuestión, sino que también establece unas bases sólidas para futuras ocasiones en las que tengas que hablar.

Ilusionado, quizá hayas tomado nota de algunas ideas. O tal vez estés mirando con frustración una página en blanco esperando a que llegue la inspiración. En cualquier caso, lo primero que debes hacer es tener claro cuáles son tus mensajes centrales: qué quieres decir. Y no me refiero a tener en mente, de manera inmediata, un discurso completo, palabra por palabra y coma por coma. A lo que me refiero es a trazar un esbozo general.

Suele haber una relación directa entre los mensajes centrales y el motivo que te capacita para compartirlos. Supongamos que, en el ámbito profesional, simbolizas la garantía de calidad, porque eres muy respetado y tienes mucha experiencia en tu campo. Por supuesto que eso te acredita para hablar de control de calidad, normativa, auditorías, estándares y demás. No cabe la menor duda de que podrías entrar a fondo en muchos detalles y cuando fuera necesario. Sin embargo, si tuvieras que resumirlo todo en un mensaje principal, podría ser algo así: «Me importa mucho el control de calidad para que las cosas se hagan de forma más segura, mejor y con más eficacia».

Este mensaje central de fondo debe ser tanto el punto de partida como el hilo conductor de tu discurso. Y al decir «punto de partida» no me refiero solo a la redacción del discurso, sino también al contenido de las primeras líneas. He aquí algunos enfoques que te ayudarán a ponerte en marcha.

Empieza con frases que capten la atención del público

Demuestra tus aptitudes

Un punto de partida útil es explicar al público de qué vas a hablar y por qué tienes la credibilidad necesaria para hacerlo. Como orador, te han invitado a que subas al escenario o vas a hacer tu presentación porque tienes una amplia experiencia que da pie a que estés allí. ¡Aprovéchalo! Presentarte ante un público, sea muy numeroso o no, es un halago. No hay nada de malo en que tu ego reciba un estímulo. Un guiño a tu ego te da la fuerza interior para levantarte y hablar. De lo contrario, las dudas persistirán y te atormentarán mientras preparas tu discurso. Para evitarlo céntrate en la razón por la que eres tú quien va a hacerlo.

Valora tu autoridad y siéntete orgulloso de tu experiencia. El que compartas esto con la audiencia también generará el mismo efecto de credibilidad. Considera los siguientes ejemplos.

- Si vas a hacer un brindis en la boda de un amigo, puedes empezar diciendo: «Conozco al novio desde hace más de treinta años y hoy voy a contaros algunas de mis historias favoritas».
- Si vas a presentar tu investigación a todo tu equipo, puedes decir: «Soy el jefe del equipo de marketing y llevo seis meses dirigiendo este proyecto».

Subraya tu autoridad como orador y hazles saber que están en buenas manos. Aunque pueda parecer algo obvio, es un buen punto de partida.

Haz una pregunta interesante

Otra posibilidad, quizá más excitante, es plantear un problema o una pregunta. Por ejemplo: «¿Cómo puede sobrevivir una empresa en esta era de vertiginosas transformaciones?». El objetivo es evocar una reacción visceral que capte la atención del público y que dé un impulso inmediato a tu discurso.

Esta pregunta sobre la supervivencia puede ir vinculada con tu mensaje principal: la seguridad de que, como experto en desarrollo empresarial o en transformación corporativa, puedes ayudar a tu audiencia a encontrar algunas respuestas ante las amenazas existentes a las que se enfrentan las organizaciones.

Aprovecha tus conocimientos y tus valores

Como es lógico, si eres un maestro del rendimiento deportivo, de la historia del arte o un cerebrito de la cadena de suministro, normalmente tus conocimientos y tu visión del área en la que estás especializado deberían servir de inspiración para tus mensajes principales, aunque el contenido y el enfoque de cada discurso que des sean diferentes.

No solo has de tener en cuenta lo que haces. También importan el porqué y el cómo lo haces. Esto es lo que tienes que englobar en un mensaje central. De este modo, no solo serás un experto en historia del arte, sino que serás un experto en historia del arte con un interés especial en la escultura del Renacimiento y su paralelismo con el arte tridimensional en la Gran Bretaña del siglo XXI. Este tipo de certidumbre te da algo sólido sobre lo que basarte, de la misma forma que algunos escultores utilizan la estructura básica de un armazón sobre el que crear una obra de arte.

Por lo tanto, por un lado, tus mensajes centrales pueden basarse en tus conocimientos técnicos, pero también deben ser una expresión de tus creencias y valores personales. Lo que hace que seas *tú*. Por qué haces el trabajo que haces. Cómo lo haces y por qué es importante. Todo ello debe reflejar qué te importa realmente.

Tus valores deben ser la base de tus mensajes principales. En esencia, esos valores son los que dan fuerza y sentido a tu marca personal (como se ha comentado en el capítulo anterior).

Concretar los mensajes centrales es un gran paso para dar forma al contenido de tu discurso. Ayudará a que las palabras fluyan. Además, el que seas capaz de articular tus mensajes principales también dejará huella en tu estilo y tu perfil de presentación. Las creencias y los valores clave que quieres transmitir en tu discurso lo moldearán sí o sí. Y, como hemos dicho, para ello primero has de entenderlos. De lo contrario, no podrás convertirlos en mensajes básicos prácticos.

Veamos algunas preguntas útiles que te ayudarán a reflexionar sobre esto:

- ¿Cómo quieres que se sienta tu público?
- ¿Por qué deberían escucharte?
- ¿Quieres hacer preguntas o responderlas?
- ¿Con qué parte de tu charla debería quedarse el público?
- Si solo pudieras hacer tres observaciones, ¿cuáles serían?

Una vez que tengas claro cuáles son los mensajes centrales, la página ya no estará en blanco demasiado tiempo. Las personas que han pasado mucho tiempo reflexionando sobre su mensaje principal pueden conseguir reducirlo a un puñado de palabras que lo engloban todo. Mi ejemplo favorito es el del escritor y periodista Malcolm Gladwell, cuyo primer libro se tituló *El punto clave (The Tipping Point)*, una frase y un concepto que no se habían escuchado antes en ese contexto, pero que se reconocieron fácilmente como ese momento en el que algo pasa de ser desconocido a ser familiar y a contextualizarse. Otros ejemplos son *Good to Great*, de Jim Collins; o *Empieza con el porqué,* de Simon Sinek. Son algunos ejemplos de un mensaje simplificado en unas cuantas palabras que el lector o el oyente captan con un cierto grado de comprensión y, de forma instintiva, quieren comprenderlo más a fondo. ¡Tres hurras por su capacidad de concisión! Sin embargo, para la mayoría de nosotros, lo más probable es que sean unas cuantas afirmaciones que engloban quiénes somos, qué defendemos y cómo actuamos.

Llegados a este punto, merece la pena destacar que estas afirmaciones no tienen que convertirse en un mensaje impecable. No se trata de que las utilices al pie de la letra en tu discurso. Tómalas como la estructura alrededor de la cual puedes construir todo lo demás. Es algo que te ayudará a escribir y transmitir tu discurso. Y, lo que es más importante, tras ese discurso, podrás evaluar si has conseguido tus objetivos, tanto en lo que se refiere al contenido que querías transmitir como en el plano emocional para conectar con el auditorio.

Ajustar las tuercas y los tornillos

Una vez que te sientas cómodo con tus mensajes centrales, puedes empezar a pensar en los detalles del discurso como tal. Plantéate dos cuestiones:

- ¿Qué quieres decir exactamente?
- ¿A qué conclusiones llegarás?

Tienes que asegurarte de que tus respuestas vayan en consonancia tanto con el resumen de tu discurso como con los conocimientos técnicos y los valores que te has tomado la molestia de sintetizar. Contextualizar el contenido de tu discurso para que esté en sintonía con tus mensajes principales te dará una identidad, un carácter y una visión que se ajuste a tus ideales, tus aspiraciones y tu personalidad. No puedo dejar de insistir en lo importante que es ser fiel a uno mismo.

Ahora es cuando podrás adoptar una visión estratégica de lo que hay que preparar y empezarás a reunir las ideas, las herramientas y la información que nutrirán tu discurso. Márcate unos objetivos claros, basados en tu resumen, pero también en los valores que quieras transmitir. Debes tener claro qué esperas conseguir con el discurso, desde tu propio punto de vista pero también desde el de la audiencia. ¿Cuál sería el éxito desde el punto de vista de tu audiencia? Intenta expresar y visualizar qué reacción pretendes que tengan.

ESTUDIO DE UN CASO

Colin Maclachlan: Claro, relevante y memorable

Colin Maclachlan, un exsoldado de las Fuerzas Especiales y estrella del reality show *SAS: Who Dares Wins*, del Canal 4, y de *Secrets of the SAS*, del Canal 5, es un conferenciante consumado en temas como la resiliencia, el trabajo en equipo, el liderazgo, el riesgo, la motivación, la resolución de conflictos, la gestión del cambio, la negociación y el rendimiento. Tiene tres reglas sobre los mensajes centrales: deben ser claros, relevantes y memorables.

«Cuando estés elaborando un mensaje principal, piensa en cómo aplicar tu experiencia y la de los demás y en cómo hacer que tu historia encaje con la de las personas a las que te diriges», aconseja Colin. «Quizá parezca que hay un abismo entre las misiones de las Fuerzas Especiales y el día a día de una empresa, pero el proceso y las técnicas son muy similares. La mayoría de las charlas duran entre veinte y cuarenta minutos —por lo general, ese es el tiempo que se mantiene activa la atención de una persona—, por lo tanto, piensa en los puntos principales que quieres transmitir durante ese tiempo. ¡Piensa en rentabilizar tu esfuerzo! Concéntrate en cómo quieres que sucedan las cosas y no te desvíes del camino. Cíñete al tema».

«Ve variando la forma de contar el mensaje principal para que tu experiencia personal se entrelace con otras historias más conocidas que demuestren lo que estás contando. Así también puedes aportar hechos interesantes de los que la audiencia no tenía constancia. Por ejemplo, la mayoría de los cien empresarios de mayor éxito han fracasado unas diez veces por cada gran idea que han tenido».

Considerar el contenido en bruto y contextualizarlo según tu personalidad es un gran paso para aprovechar positivamente el entusiasmo y la autenticidad del «Muestra y cuenta» que vimos en el primer capítulo. Es esa *propiedad* del contenido de la que ya hemos hablado. Tu objetivo debe ser escribir un discurso que te pertenezca a ti, el orador, no solo en lo que se refiere al contenido —estás transmitiendo el mensaje que te has propuesto—, sino también desde una perspectiva emocional. Esto significa que transmitas el mensaje de una manera que te resulte cómoda, que sientas que forma parte de ti y que te permita implicarte de manera emocional e intelectual.

ESTUDIO DE UN CASO

Miles Hilton-Barber: Desde el corazón

El aventurero Miles Hilton-Barber, que ha batido récords mundiales y es invidente desde lo veinte años, es un orador inspirador con una merecida reputación de hablar desde el corazón.

«Diles lo que piensas. Lo que tu corazón te diga. Eso puede marcar la diferencia con lo que otras personas han estado diciendo y haciendo. Lo importante es tu mensaje, no tu celebridad. ¿Qué sentido tiene ser como los demás? En tu mensaje y tu discurso no tienes que ser elegante. Quieres que salga de tu corazón y, si lo logras, llegas a las personas».

No se puede criticar a Miles porque hable desde el corazón. Esa es la manera más correcta de hacerlo.

Volvamos a mirar esa página en blanco. Con tu mensaje en mente, estás preparado para crear algo grande. El bloqueo del escritor se convierte en un problema menor, porque ya tienes claras algunas de las ideas que quieres transmitir. Vuelve a plantearte las preguntas anteriores de este capítulo si todavía tienes problemas para definir tus mensajes centrales. Si los tienes claros, utilízalos como prueba de fuego para el texto que escribas: ¿Suena real? ¿Representa a quien tú eres? ¿Te sientes orgulloso de que sea *tu texto*? Si no puedes responder a todo que sí, deshaz y reescribe, hasta que no tengas duda alguna.

Debra Searle: Repetición, simplificación, reducción

Debra Searle, reconocida empresaria, escritora y presentadora de televisión que se empeñó en cruzar a remo el océano Atlántico, ha pronunciado más de mil discursos. Ahora, cuando escribe una presentación, intenta no pensar en su público como un conjunto de personas, sino que prefiere imaginárselo como una sola persona —«un avatar», dice ella— porque considera que esto le ayuda mucho a construir su mensaje.

«Tienes a un solo individuo en mente», dice. «Escribes para esa única persona. Y creo que es una forma muy útil de dar vida a la historia, porque piensas "si estuviera con esa persona en un bar, con esta historia, ¿cómo se la contaría?, ¿con qué me gustaría que se quedase de mis palabras?"».

Cuando ya sabes cuáles son los mensajes clave, Debra nos da tres consejos para transmitirlos: repetición, simplificación y reducción.

Con *simplificar* se refiere a acortar los mensajes a una frase o una palabra —que sigues *repitiendo* una y otra vez, claro está—. *Reducir* significa asegurarse de no agobiar a la

audiencia con una gran cantidad de detalles innecesarios.
Es mucho mejor ofrecer pequeñas dosis de información, que
puedan llevarse consigo y aplicarlas a su vida y su trabajo, en
la medida de lo posible.

Si expresas bien tus mensajes principales podrás, y lo harás,
inspirar a otros. Conseguirás que esos mensajes tengan un impacto duradero. A algunas personas privilegiadas les resulta
fácil la oratoria; es como si tuvieran un don, unas habilidades
naturales; pero incluso los oradores más intuitivos y locuaces
pueden ponerse en una situación de vulnerabilidad si no dan
un paso atrás y reflexionan sobre lo que en realidad quieren
decir. Para aquellos que no llevan el don de la oratoria en la
sangre perfeccionar sus mensajes les da una mayor oportunidad de causar impacto.

Haz que los nervios previos al discurso se conviertan en una ventaja

Está bien estar algo nervioso antes de pronunciar un discurso.
Cualquier orador sabe que va a experimentar una subida de
adrenalina o cualquier otro síntoma de nerviosismo. Es normal sentirse así, es totalmente normal. Un poco de adrenalina
ayuda a potenciar la concentración y a canalizarla en la presentación de forma positiva. Si estás atrapado por el pánico
escénico previo al discurso, recuerda una pregunta muy importante: ¿Por qué?

Piensa detenidamente en todo aquello que subyace en tu discurso. El hecho de construir un discurso utilizando tus propios valores como base reflejará quién eres. Te conoces de sobra, así que puedes, y debes, sentirte cómodo en tu propia piel. Y, si estás cómodo, puedes sentirte seguro. ¡Dítelo a ti mismo!

Todo irá bien en cuanto subas al escenario y empieces a hablar con tus propias palabras y con tu propio estilo. Irá bien. Mantente fiel a tu mensaje y, en el momento en que empieces a hablar, los nervios se esfumarán.

Este es mi mensaje. Asegúrate de saber cuál es el tuyo y de creértelo.

Consejos para un orador

- Los mensajes clave deben ser el punto de partida de tu discurso.
- Recuerda que has de apoyarte tanto en tus conocimientos técnicos como en tus valores.

4. Contar historias

Hay un rasgo común que comparten todos los grandes oradores. Es un elemento de su discurso que les caracteriza y al mismo tiempo que hace que sus intervenciones sean memorables. Cuentan historias.

Lo maravilloso de contar historias es que todos podemos hacerlo. Es algo a lo que todos reaccionamos. En realidad, es algo que hacemos todos los días de nuestra vida. Todos contamos historias.

Sin embargo, si todas las historias están en el corazón de los grandes discursos, ¿por qué es tan frecuente que alguien que planea un discurso, en especial en un entorno empresarial, piense que la mejor manera de actuar es bombardear al público con estadísticas, hechos y datos? Sí, sabemos de sobra que la información da credibilidad. Garantiza que un orador pueda ponerse delante de un auditorio y sea visto como un experto en el tema del que habla. Sin embargo, cualquier discurso que se centre en ofrecer la mayor cantidad de información posible presenta un gran inconveniente: quien dé el discurso tendrá verdaderas dificultades para conectar con su público en el plano emocional. Y, como ya hemos visto, eso es algo de vital importancia.

El poder de la narración

Contar historias es un juego en el que todos ganan. Todas las partes implicadas tienen un objetivo compartido que se cumple a lo largo del hilo conductor de la narración: el orador cuenta sus historias, el público puede disfrutar de ellas y, como consecuencia, el discurso se convierte en un gran éxito.

En los últimos años se ha multiplicado el número de trabajos académicos que ponen de manifiesto la eficacia de la narración de historias. Los científicos que han estudiado las redes cerebrales que intervienen en la narración y en la audición de historias afirman: «Una narración hábil ayuda a los oyentes a comprender la esencia de conceptos e ideas complejas de forma significativa y, a menudo, personal».*

La gente escucha las historias y reacciona, lo que las convierte en ideales mensajeros. Así que, aunque una historia no sea la forma más directa de transmitir la información, tomarte el tiempo necesario para entrelazar los hechos que quieres narrar en una historia que la gente quiera escuchar dará resultados muy superiores. Después de todo, ¿te gustaría que, a bote pronto, alguien te bombardeara con una serie de frías estadísticas? Por descontado que no. Aunque un discurso de este tipo dure menos tiempo, probablemente parecerá mucho más largo. Y no será más agradable. En cuanto a los puntos clave que se

* Los científicos Wendy A. Suzuki, Mónica I. Feliú-Mójer, Uri Hasson, Rachael Yehuda y Jean Mary Zarate, «The Science and Power of Storytelling», *Journal of Neurosciencie*, 2018, 38 (44), 9468-70.

pretende transmitir: ¿Cuántas ideas se pueden retener sin una buena historia que ayude a grabarlas en nuestra memoria?

ESTUDIO DE UN CASO

Nick Jankel: La elaboración de historias

Nick Jankel, experto en liderazgo y desarrollo personal y autor del superventas internacional *Switch On: Unleash Your Creativity and Thrive with the New Science & Spirit of Breakthrough*, ha trabajado como asesor de organizaciones tan diversas como Novartis, LEGO o Nike, en el Departamento de Estado del 10 de Downing Street, Oxfam, Unilever y la BBC, y es un conferenciante muy popular sobre futurismo e innovación. Defiende la «elaboración de la historia» en cada discurso para asegurarse de que la narración alcanza ciertos niveles y puntos, lo que en Hollywood llaman *beats*.*

En su opinión, los relatos deben tener un principio y un final sólidos, y ser coherentes y consistentes en todo momento. También es importante la elección de una buena metáfora y la elección del principio organizador de la historia. Por ejemplo, ¿quieres contar una historia en la que el pequeño vence al grande, como David contra Goliat, o Apple contra Microsoft en 1984? ¿O se trata de una historia de redención? Cuando empieces a elaborar tu historia, presta atención a los arquetipos, los personajes y el mensaje para estar seguro de

---

* Latidos, ritmo, pulsación…

que todo se ajusta a tu propósito y no resulta complicado o contradictorio en exceso.

«Para mí, una historia es, en esencia, un camino de posibilidades», dice Nick. «Eso es lo que uso con frecuencia. Porque si estás contando una historia y no se va a producir ningún cambio, no es necesario contar esa historia. Así que, en esencia, todos los narradores pretenden iniciar una transformación. Si eres un anciano en una tribu, intentas que los jóvenes sean más éticos: más sabios, mejores, menos peleones… lo que sea. Si eres una empresa e intentas que la gente haga algo diferente, mejor o nuevo, puedes estar creando un nuevo futuro, una nueva empresa, una idea precursora. Todas las historias que se cuentan son, en esencia, el relato de un cambio. Así que tu relato tiene que, como mínimo, explicar por qué la situación actual no funciona o tiene los días contados, y por qué la nueva historia es mejor».

Construir una conexión emocional

Contar una historia transforma una conferencia basada en hechos reales en algo interesante que se puede relatar. Un discurso en el que la historia está bien encadenada no solo causará su impacto en el momento de la narración, captando la atención del público, sino que las ideas que se pretende destacar quedarán grabadas en el cerebro de los oyentes. Mediante la asociación de la información con las historias se establece un vínculo permanente entre ambos, lo que facilita que se recuerden.

Para el orador, esta es la puerta del éxito a muchos niveles. La narración se orienta principalmente hacia la consecución de una mayor implicación del público asistente. La energía de la sala irá en aumento a medida que el público se involucre a nivel emocional con las historias que cuentes. Sin darse cuenta, los asistentes se unirán a ti en este viaje narrativo. Y, una vez a bordo, el éxito en la sala está garantizado.

Como ya se comentó en el capítulo 2, «¿Cuál es tu marca?» incluir el mensaje dentro de una historia también es una herramienta fundamental para cualquier orador que en su discurso esté transmitiendo información con la que no acaba de estar convencido al cien por cien. La mayoría de nosotros ha pasado por esta situación: esos momentos en los que nos hemos encontrado en una sala de reuniones, hablando en nombre de un equipo o de una empresa sobre una información que o bien no nos entusiasma o, en el peor de los casos, que no nos creemos del todo. O tal vez hayas participado en un acto social en el que has tenido que pronunciar un discurso para ensalzar las virtudes de alguien o algo con las que no estás plenamente identificado. Imagino que la idea de volver a salir al escenario en esas condiciones no te parece demasiado atractiva. Aunque no tiene por qué ser un panorama desolador. Más bien al contrario.

La cuestión es que, al integrar el mensaje dentro de una historia, puedes lograr dos victorias personales:

- Puedes convertir un mensaje que en principio te resulta aburrido —y, por tanto, corres el riesgo de exponerlo sin el menor entusiasmo— en algo que puedes transmitir con energía y pasión.

- Puedes hacer que el mensaje sea tan difuso o tan definido como prefieras, con la finalidad de lograr el equilibrio adecuado entre el cumplimiento del objetivo del discurso y el mantenimiento del interés y compromiso de la audiencia, para que tu intervención sea un éxito.

Otro punto alentador que hay que tener en cuenta es que, al optar por la narración de historias como orador, te sitúas en un espacio que te resulta natural. Los seres humanos somos narradores por naturaleza, hecho que se remonta a las imágenes narrativas de las pinturas rupestres prehistóricas. A lo largo de milenios, hemos creado leyendas y parábolas, hemos contado cuentos apasionantes, hemos inventado chistes con personajes y pequeñas tramas. Hoy, más que nunca, todos seguimos contando historias. Ya sea charlando con nuestros amigos, nuestra familia o nuestros compañeros, utilizamos el poder de las historias para comunicar, relacionarnos, informar, divertirnos y conectar. Por eso es algo esencial incorporar la narración de historias en la oratoria.

ESTUDIO DE UN CASO

Caspar Berry: El propósito de contar historias

Caspar Berry es un orador excepcional que aprovechó su experiencia como jugador profesional de póquer en Las Vegas, y su posterior carrera como empresario de éxito, para aportar una visión renovadora en temas como la asunción de riesgos, la toma de decisiones y la innovación. El enfoque narrativo de sus discursos consiste en construir una serie de historias que contienen las enseñanzas que el público obtendrá tras su intervención. En su opinión, los oradores que no son capaces de proponer historias que muestren los mensajes o lecciones que quieren que el público recuerde, han entendido mal el propósito de la narración en este contexto.

«Cuando eres un orador, todo gira en torno al sentido de la historia», dice Caspar. «Ahora asesoro a bastantes oradores y a menudo parten de un error de base. Y es que con frecuencia puedes tener un buen repertorio. Puedes tener en tu estantería veinte de lo que llamamos buenas "historias". Y luego, cada una de esas historias te puede servir para ilustrar tres o cuatro conceptos. Pero es la manera en que se cuenta la historia el punto que es absolutamente crucial. Lo importante no es la historia en sí. Lo importante no es lo que ocurre en ella. Lo que de verdad importa es el lugar que ocupa dentro de ese discurso y que ilustre lo que estás tratando de transmitir. La razón por la que la historia está precisamente ahí es lo que realmente importa. Los acontecimientos en sí mismos son completamente irrelevantes».

Perfecciona tus habilidades para contar historias

A media que vayas desarrollándote como orador es posible que tu forma de contar historias vaya evolucionando. Una vez que hayas logrado dar una serie de discursos exitosos —quizá ahora hables cada vez más a menudo— puedes pasar de la seguridad de una presentación con un guion estricto a una estructura más abierta, que ofrezca cierto margen para la improvisación. Esta progresión, desde la práctica de la lectura de un discurso, memorizándolo palabra por palabra, hacia un enfoque más libre, resulta fascinante. Podría decirse que exige dar mayor relevancia a las habilidades narrativas y a cómo utilizarlas.

Las digresiones están bien, pero nunca hay que perder el hilo argumental. Siempre hay que recordar qué viaje estamos haciendo: su propósito y su destino. ¿Cuáles son los puntos de partida y los de llegada, y los puntos clave en los que hay que pararse en el camino? Mientras seas capaz de expresarlos con claridad, tu narración no tiene por qué estar grabada en piedra. Más bien al contrario, puede cobrar vida propia y convertirse en algo más fluido, sobre todo cuando aprovechas la energía que te transmite el público.

El truco para que esto funcione es conocer a la perfección el argumento general. Cuando lo sepas, la forma de ir de A a B, de B a C, y desde ahí seguir adelante con tu historia no tiene por qué ser ni programada ni rígida. Esto significa que podrías dar el «mismo» discurso muchas veces, pero cada vez la experiencia sería diferente tanto para ti —como orador— como para el público. Cuando te sientas cómodo con tu historia, podrás contarla una y otra vez, con sutiles variaciones respecto al guion original o a las anteriores intervenciones sobre el mismo tema.

Una de las maneras más útiles para mejorar tu forma de contar historias es ir a ver actuaciones de humoristas. Presta atención a cómo hilvanan sus actuaciones y a las historias que cuentan. Si es posible, es muy interesante que a la noche siguiente vuelvas a ir a ver a los mismos humoristas en el mismo lugar. Esto te ayudará a entender cómo el mismo espectáculo, con las mismas historias y los mismos chistes, se presenta de una manera diferente por completo, con diferentes respuestas. Las actuaciones nunca son las mismas que las de la noche anterior, pero el recorrido de la historia sí lo es. Eso es lo que cualquier orador de éxito debe aspirar a ofrecer. En este contexto, una misma narración nunca debería ser rutinaria. Y, en cualquier caso, una gran narración puede ser capaz de sublimar lo cotidiano.

Consejos para un orador

- Los hechos se imponen cuando se entretejen en una narración interesante.
- No te desvíes del camino: asegúrate de que tus historias transmiten tus puntos clave.

5. Conocer a tu audiencia

Una de las cosas buenas de participar como orador es que, si todo va bien, puedes disfrutar de unos breves instantes de elogios y reconocimiento por parte de la audiencia. Hablar en público es una de las formas más eficaces de mejorar tu visibilidad en un equipo o en un departamento, y puede acelerar tu ascenso. Una consecuencia natural de esta consideración y aprobación es que cualquier orador puede sentir que es el protagonista o la estrella del discurso. Bien, yo estoy aquí para romperte esa ilusión.

La verdad es que todo gira en torno a tu audiencia. Es lo más importante de la sala y quien determina el éxito, o el fracaso, de tu discurso.

No es necesario decirte que tienes una gran responsabilidad en cómo se recibe tu discurso. Pero el público es el árbitro final. El público —no el orador— es la verdadera «estrella».

En realidad, eso es algo muy positivo. Porque una vez que lo has asumido, te ayuda a quitarte la presión de los hombros. Puedes decirte que no debes preocuparte por el pánico escénico, pues no eres tú la atracción principal. ¡Pruébalo! Así podrás relativizar lo que vas a hacer.

Asegúrate de estar bien informado

Desplazar el foco de atención hacia el público es una forma práctica de calmar los nervios, pero es mucho más que eso. Para empezar, acentúa la importancia de conocer al grupo de personas al que te vas a dirigir. No es conveniente que te formes una impresión del público a partir de ciertas suposiciones. La forma correcta de hacerse una idea de quiénes son y qué quieren es mediante una sesión informativa (*briefing*). La palabra *briefing* puede evocar imágenes de una reunión formal o una llamada telefónica para hablar del evento. Si bien este es el caso de algunos tipos de eventos o conferencias, en realidad el *briefing* puede adoptar diversas formas. En esencia, de lo que estamos hablando aquí es de recopilar información crucial que te ayude a estructurar el estilo de tu discurso y a transmitir la información de manera adecuada.

Para prepararse, un orador debe identificar qué información tiene ya a mano y qué necesita averiguar. Por ejemplo, si va a hablar en una reunión interna o en un evento familiar, es probable que ya conozca bastante a su público. Por lo tanto, puede que solo deba tener en cuenta lo que ya sabe o averiguar algunos detalles adicionales sobre algunos asistentes seleccionados. En cambio, si lo han invitado a hablar en un acto empresarial externo, tendrá que indagar más.

A lo largo de los años, he escuchado a diferentes oradores plantear preguntas dispares o enmarcar las sesiones informativas de distintas maneras; pero, en esencia, todos buscan respuestas a las siguientes preguntas:

- ¿Cuáles son las metas y los objetivos del organizador del evento y de las principales partes interesadas (que puede ser la misma persona o no)? Esas metas y esos objetivos pueden ser para todo el evento, así como para el discurso específico que va a pronunciar.
- ¿Cuáles son sus medidas de éxito para estas metas y estos objetivos?
- ¿Cuál es el perfil del público y cómo se siente en este momento?
- El organizador del evento y las principales partes interesadas —recuerda que puede que no sean la misma persona—, ¿qué quieren que el público sienta, diga y haga como reacción al discurso?
- ¿Qué va a ocurrir antes del discurso?

Si obtienes respuestas concretas a estas preguntas, podrás conocer el contexto en el que se sitúa tu discurso y obtener una visión general de lo que se espera de ti. Así evitarás equivocarte con lo que quiere tu audiencia.

ESTUDIO DE UN CASO

Jonathan MacDonald: La curva en U

El empresario y conferenciante Jonathan MacDonald, experto en el cambio de modelos de negocio, afirma que hace sus deberes antes de cualquier reunión informativa y siempre busca en Google información sobre la empresa y las últimas noticias sobre esta: «Cualquier anuncio o cambio reciente.

Si es una empresa que cotiza en bolsa, compruebo el precio de sus acciones. Me fijo en los principales movimientos de sus ejecutivos; por ejemplo, si un director general ha dejado su cargo o si se ha incorporado un nuevo director general. Luego, miro en LinkedIn si conozco a alguien que esté en la empresa o que haya trabajado en ella».

«De vez en cuando, miro mis redes sociales y veo si alguien ha mencionado esa empresa para bien o para mal. Miro Twitter para ver lo que se dice, si hay un *hashtag* —porque hay un nuevo producto o lo que sea— entonces lo busco y miro si hay comentarios, muy buenos o muy malos. Lo que busco con todo esto es lo que llamo la curva en U. Si imaginas esta curva, la parte superior izquierda de la curva es la hostilidad extrema y la derecha la positividad extraordinaria, y no me interesa demasiado la parte estándar en la base de la U. Quiero saber qué tiene muy muy malo y qué tiene muy muy bueno».

¿Por qué motivo hace esto? Antes de la reunión informativa, Jonathan puede así averiguar por qué la empresa organiza el evento. «Por ejemplo, si un nuevo director general se ha incorporado en los últimos doce o dieciocho meses como máximo, casi siempre hay algún tipo de evento motivacional, como una reunión de equipo. Por otro lado, está la versión contraria: supongamos que una determinada cadena de restaurantes de comida rápida ha quedado desprestigiada en internet por los comentarios negativos en las redes sociales. La reunión que celebran suele ser sobre las personas y la cultura empresarial. Bajo el lema: "valoramos mucho a nuestro equipo", pero en realidad lo que sucede es que "nos han machacado en internet; el público se ha puesto en nuestra contra y lo último que queremos es que nuestro personal lo haga también, así que vamos a organizar un evento sobre el personal y la cultura empresarial para recordarles por qué es tan bueno trabajar aquí". Resulta muy útil conocer antes de la convocatoria de la reunión informativa esa tendencia en las dos puntas de la U. Luego, llegas a la conferencia y —¡menuda sorpresa!— el cliente te dice que va a organizar un evento de motivación para altos ejecutivos, y tú ya sabes el porqué. Es útil porque ya estás informado antes del *briefing*».

Una cosa muy importante que has de averiguar sobre tu público es su nivel jerárquico. Por ejemplo, no sirve de nada instar a la gente a que realicen cambios organizativos radicales si su posición en la empresa no se lo permite. Esto es algo que Jonathan se toma muy en serio en la fase de información.

«Es muy importante tener en cuenta si las personas que están en la sala tienen poder de decisión», dice Jonathan. «Si lo que dices puede ser llevado a cabo por la audiencia. Ese es mi tipo de público principal: el relevante. Porque, si estás hablando a las personas que forman parte, por ejemplo, del equipo subalterno, no son responsables del presupuesto y no pueden tomar ninguna decisión clave. Decir a los mandos intermedios que la empresa tiene que pivotar e invertir la mitad de sus beneficios en nuevas formas de innovación no tiene sentido».

«En realidad, es peligroso. Frustra al público, porque tiene las manos atadas. Del mismo modo, cuando te diriges a un equipo de altos ejecutivos con responsabilidad presupuestaria y les hablas de la jerarquía corporativa y de lo importante que es abrirse paso en el escalafón para llegar a un puesto de influencia, te estás dirigiendo a un grupo de personas que ya han pasado por eso. Les estás hablando de lo que han sido los últimos diez años de su trabajo. ¡Es inútil!».

Conoce las expectativas de tu público

Vale la pena señalar que puede darse el caso de que haya grupos o personas con diferentes intereses específicos relacionados con el éxito de tu discurso. Los miembros del C-suite tendrán una perspectiva distinta de la de, por ejemplo, los accionistas externos de la empresa. Dependiendo del grado de comprensión que tengas de las expectativas de los distintos individuos o grupos, es probable que tu intervención sea más o menos exitosa. En última instancia, cuanto mejor conozcas, como orador, lo que se espera de ti y el tipo de entorno en el que darás tu discurso, mejor preparado estarás y las probabilidades de que tu intervención tenga éxito serán mayores.

En realidad, no sólo los distintos asistentes al evento pueden tener sus propias expectativas (que, con suerte, pueden llegar a ser solo un poco diferentes). Yendo un poco más allá, sea cual sea el contexto, cada miembro del público espera obtener del orador un determinado mensaje. Eso no significa que tengas que ponerte a sondear a cada una de las personas que formarán parte de tu audiencia. Incluso si esto fuera posible, y a menudo no lo es, sería una tarea que consumiría todo tu tiempo y que, en el fondo, tiene un valor limitado. No obstante, hay suposiciones de base que puedes y debes hacer.

La primera de la lista es que el público desea entretenerse. Sí, puede que también busquen estar informados, motivados, inspirados, etc., pero desean entretenerse. Nadie quiere aburrirse ni desconectar. Una regla estricta para hablar en público es que hay que poner en escena una actuación agradable. Esto me lleva a cerrar el círculo, de vuelta al capítulo anterior sobre la narración, que no debe sobrevalorarse. Tienes que entretener a tu público con tu propio estilo de presentación y con las historias reveladoras y entretenidas que compartas con ellos.

ESTUDIO DE UN CASO

Benjamin Zander: De cerca y en persona

Al famosísimo director de orquesta Benjamin Zander, fundador de la Orquesta Filarmónica de Boston —que compagina la música clásica con una exitosa carrera como conferenciante sobre liderazgo— le encanta hacer reír a su público, pero insiste en que jamás debe ser a costa de nadie, pues de lo contrario perdería a la mitad de la audiencia. Benjamin bajó del escenario mientras daba una charla TED para acercarse al público; sus recuerdos de ese momento proporcionan una gran visión de lo importante que es entender y comprometerse con el público.

«Me encontraba situado entre el público y había un pasillo central para poder caminar entre los espectadores y hablar

con ellos, como si estuviéramos en un bar», recuerda Ben.
«Porque, si hablas desde un escenario, Dios no quiera que
sea desde una tarima, y menos aún leyendo el texto, pierdes
al público desde el primer momento. En cambio, si de
verdad quieres compartir tu entusiasmo por algo, acércate
lo más posible a ellos y mírales a los ojos. La gente me dice a
menudo: "Pensé que solo hablabas para mí". Y son tantas las
personas que me lo dicen, que debe haber algo de cierto en
ello. La razón es que miro a mi alrededor constantemente, no
llevo notas, ni papel, ni micrófono de mano. Voy caminando,
como si hablara con una única persona. Como si esa persona
de verdad me importara, como si me importara más que
nadie».

Acepto que el enfoque de Ben puede resultar demasiado
extremo para la mayoría. Sin embargo, es un excelente
ejemplo de hasta qué punto los oradores pueden causar
una impresión duradera en el público gracias a su pasión y
entusiasmo.

Define el estilo y el contenido de tu discurso

Ahora, pasemos a analizar los requisitos específicos de tu
discurso.

Una buena preparación es clave

La fase de información es absolutamente crucial para dilucidar
lo que es significativo exponer en ese determinado contexto.

Por ejemplo, si vas a intervenir en un ciclo de conferencias, deberás averiguar cómo encajará mejor tu discurso dentro del programa general y dentro de los objetivos previstos por la organización. ¿El organizador dispone de información actualizada sobre los participantes, estudios sobre el público objetivo o estadísticas específicas del sector que pueda compartir contigo? Al aprovechar la oportunidad para hacer este tipo de preguntas, si no te han dado la información con antelación, la reunión previa con el organizador del evento —y en algunas circunstancias con un par de personas clave implicadas— te garantizará poder conocer mejor el entorno en el que vas a hablar y qué se espera de ti en cuanto al estilo del discurso y su contenido.

Llega pronto al lugar del evento

En el capítulo 7, «El momento», hablaremos más sobre el día del discurso, pero permíteme robarle un poco de protagonismo a ese capítulo instándote a que llegues al acto de presentación con suficiente antelación, siempre que sea posible. Ya he comentado que el *briefing* no tiene por qué ser una conversación formal. De hecho, podría decirse que se trata de un proceso continuo que precede al discurso y durante el cual el ponente reúne toda la información que le servirá de ayuda para prepararse y pronunciar su exposición. Puede ser una gran sesión informativa formal y una serie de pequeñas sesiones en las que el orador tome la iniciativa.

Llegar con antelación a un evento es una buena oportunidad para sumergirse en algunos *briefings* rápidos de última hora que pueden ser muy útiles. Puedes hacerte una idea del lugar de la celebración y captar algunas sensaciones sobre el tono y el ambiente. Si tienes la oportunidad de hablar con algunos de los asistentes, podrás incluir en tu discurso algo de lo que te hayan dicho o patrones de comportamiento. No estoy diciendo que esto anule tu meticulosa planificación y redacción del discurso, sino que te permitirá hacer algunos pequeños ajustes que podrían marcar una gran diferencia.

Dr. Patrick Dixon: Cómo interpretar al público

El influyente pensador empresarial Dr. Patrick Dixon, con frecuencia descrito en los medios de comunicación como el principal futurólogo de Europa, es partidario de tomar el pulso a la audiencia antes de pronunciar un discurso. «Para mí, la lectura del público comienza en el momento en el que llego al lugar del evento. Intento conocer a la gente, mezclarme con ella, pasar el rato en el bar, acudir a la cena de la noche anterior —algo que resulta ser muy útil—. Odio sentarme, porque entonces solo puedo hablar con dos personas, así que intento pasear, quedarme junto al bufé. Lo que me importa no es comer, sino charlar. Y, a menudo, las anécdotas que recoges en esos momentos pueden ser mágicas al día siguiente. Puedes decir: "Anoche estuve hablando con Jeremy. ¿Dónde estás Jeremy? Y él me ha dado permiso para..."; y de repente eres parte activa de la conversación».

Como yo, Patrick considera que es vital entender lo que es importante para el público y estar abierto para captar sus historias. También está muy atento al estado de ánimo general y, siempre que puede, trata de hacerse una idea del mismo observando a los asistentes cuando se reúnen y conversan en el vestíbulo antes de entrar en la sala y ocupar sus asientos.

«Lo sabes enseguida», observa. «¿Hay un rumor? ¿Están de perfil bajo? ¿Qué relaciones hay? ¿Qué personalidades? Es fascinante. Y cada público tiene su propia personalidad y su cultura. Puedo integrarme en un grupo de gestores de riesgo y asesores jurídicos del sector bancario, por ejemplo. Al día siguiente podría estar hablando con vendedores o con arquitectos sobre ciudades inteligentes. ¡Dios mío, qué públicos tan diferentes! Las propias instituciones tienen culturas diferentes. Recoge todas esas vibraciones. Por muy bien que te prepares, hay aspectos que los organizadores no siempre ven, pero que yo veo nada más poner un pie allí. Así, puede que el público sea mucho mayor de lo que esperaba o de lo que me dijeron o, al contrario, mucho más joven. O que el público sea en mayor número femenino y yo esperaba un público mixto... Cosas de este estilo».

Si antes de salir al escenario, como respuesta a las señales y a los pequeños detalles que hayas podido captar, adaptas ciertos elementos de tu discurso y, tal vez, parte del lenguaje que vas a utilizar, esto podría jugar a tu favor. Elementos tan sencillos como el uso de frases o expresiones que hayas escuchado entre los asistentes, refuerzan la sensación de que tú formas parte de ellos. Hacer referencia a algún miembro del público o al contenido expuesto por personas que hayan intervenido anteriormente también puede ayudar a crear un vínculo entre el orador y su audiencia. Estos pequeños ajustes, sobre todo al principio del discurso, pueden marcar la diferencia entre que un orador se gane la confianza del público y sea rápidamente aceptado como uno más con quien compartir una conversación, en lugar de ser percibido como un orador limitándose a hablar frente a una audiencia. Esa sensación de «nosotros y ellos» —o mejor dicho, para un orador solitario, «yo y ellos»— establece una barrera para el éxito. Un público que sienta lejano a ese orador que les está instruyendo, sin más, se aburrirá. Cuando se da tal situación… la batalla está perdida.

Confía en tu instinto

Si bien es cierto que resulta sensato estudiar al público el día de la presentación, hay que tener cuidado de no buscar demasiadas opiniones en la fase del *briefing*. Sí, en cierta medida todo el mundo tiene opiniones y expectativas diferentes, pero llega un momento en el que la recopilación de información pierde utilidad. No hay una regla infalible que indique con exactitud cuándo se ha llegado a ese punto, pero deberías dejarte llevar por tu instinto. Lo que está claro es que no debes dejar que te absorba demasiado tiempo.

El sondear a mucha gente también implica el riesgo de que la calidad y la fuerza de tu discurso disminuyan por tratar de adaptarte a los pensamientos de demasiadas personas. Recuerda que es necesario concentrarte en tus mensajes principales y en tu marca personal. Y asegúrate de que las indicaciones a las que prestas más atención son aquellas formuladas por el organizador.

Establece unos criterios para medir el éxito

Por último, permíteme referirme a una de las cuestiones que todo orador intenta aclarar durante una sesión informativa. Se trata de una cuestión fundamental para la preparación y ejecución de un discurso: cómo medir el éxito. A lo largo de los años, he visto casos en los que las personas encargadas de impartir la sesión informativa se han quedado perplejas ante la pregunta de cómo se mide el éxito. A veces no se ha pensado en absoluto en cómo medirlo, o incluso en si hay que hacerlo. Lo cual, obviamente, dista mucho de ser lo ideal.

En un ámbito profesional suele haber algún tipo de formulario de retroalimentación que se utiliza para valorar la reacción del público justo después del discurso. En un ámbito más informal, el criterio puede ser la cantidad de aplausos y la reacción general del público tras las palabras finales del orador. Sin embargo, cuando un organizador busca algo más que entretener —tal vez pretende que el discurso dé paso a un proceso de cambio o haga surgir una emoción más allá de la diversión—, medir el éxito es mucho más difícil.

Aunque determinar qué criterios utilizar para medir el grado de éxito puede ser difícil, es importante intentarlo. Si el organizador no muestra mucho interés por este tema, sácalo tú en la sesión informativa. Así el organizador se parará a pensar en ello, y la conversación posterior podrá ayudar a superar posibles malentendidos y a proporcionar una orientación útil. Antes de salir a escena, debes estar seguro de que el discurso que vas a pronunciar se ajusta a las expectativas del organizador.

Pero ¿y si eres a la vez el organizador *y* el encargado de dar el discurso? Por ejemplo, puedes ser el líder del equipo al que te diriges. ¿No resulta algo absurda una sesión informativa? Mi respuesta es un «no» rotundo. Infórmate de cómo lo harían otros. Sé riguroso con tus ideas sobre cómo valorar el nivel de éxito. Es demasiado simplista para alguien que está en tu posición argumentar que solo quieres que la audiencia se divierta, o que es una mera actividad para que el equipo sepa lo que está pasando. Tienes que mirar más allá de esos objetivos superficiales para identificar qué quieres que sientan y aprendan como resultado de tu presentación. Aunque tú seas el jefe, al menos a efectos de tu discurso, no olvides que los miembros del público son los verdaderos protagonistas.

Consejos para un orador

- Averigua todo lo que puedas sobre el objetivo del evento y sobre el perfil del público.
- Establece unos criterios para valorar el éxito.

6. Adaptarse al entorno

Una buena preparación no se limita a centrarse en el discurso. A menudo se pasa por alto un elemento clave que hay que abordar para que cualquier orador se sienta cómodo consigo mismo y con el discurso que va a pronunciar. Ese elemento clave es el entorno en el que tendrá lugar el evento. Y me refiero a algo más que al lugar concreto de la celebración.

Busca la forma de vestir más apropiada

En primer lugar, tienes que sentirte cómodo en tu piel. Cada evento tiene sus propias normas de vestir, que ayudan a establecer el estilo y el tono; incluso en una reunión interna de la empresa, en la que por defecto se utiliza la vestimenta de trabajo habitual de la organización o del equipo en cuestión. Como orador, debes tener en cuenta qué normas de vestir hay establecidas pero también con qué ropa te sientes más cómodo. Además, debes plantearte si el vestuario que has elegido va acorde con el contenido y el estilo de tu discurso.

La pregunta que debes hacerte es: «¿Resalta mi vestimenta mi marca personal?».

Muchos de los eventos en los que he trabajado —en especial, en la entrega de premios— tienen como anfitrión a un cómico. Como es de esperar, en estas ocasiones se debe vestir de etiqueta. Sin embargo, muchos cómicos no se visten de traje y corbata, pues consideran que tienen que llevar una ropa con la que se sientan cómodos si quieren hacer humor. Nunca he vivido una situación en la que el organizador del evento se haya opuesto a que el presentador lleve una ropa diferente a la preestablecida, y nunca el público se ha entrometido. Tanto el público como el organizador se centran más en si el cómico es divertido y hace una buena presentación.

He trabajado con muchos ponentes que son líderes en los campos de la creatividad y la innovación. A menudo, estas personas insisten en llevar una vestimenta acorde con su forma de pensar y actuar; por lo general, más informal que la que llevan los asistentes, que suelen ir trajeados. Lo racionalizan con el argumento de que si se trata de pensar de forma creativa (o, en estos casos, de hablar de pensar de forma creativa), necesitan crear el entorno adecuado para poder pensar así. ¿Quién les puede discutir eso?

Sin embargo, desde un punto de vista práctico, habrá ocasiones en las que sea necesario cierto grado de flexibilidad y compromiso. Por ejemplo, si vas a pronunciar un discurso en una boda de etiqueta en la que vas a proponer un brindis a los recién casados, estará bastante fuera de lugar, y podrá ser mal visto, que seas la única persona que va con una vestimenta informal mientras los demás asistentes a la boda van vestidos de forma impoluta. Pero ¿qué te impide quitarte la pajarita si eso hace que te sientas más cómodo? Créeme, a la gente le interesa mucho más oír un buen discurso, pronunciado por un orador que se sienta cómodo, que ver qué accesorio lleva puesto en el cuello.

Esta forma de actuar también se puede aplicar a un evento de negocios. Quítate la chaqueta y la corbata si eso hace que te sientas más cómodo y auténtico. Se trata de estar en la posición adecuada.

Conoce el espacio físico

Centrémonos en el espacio físico en el que vas a pronunciar el discurso. Intenta crear un entorno en el que te sientas lo más relajado posible y que te permita conectar con el público de una manera que se adapte a tu estilo de presentación y al contenido que vas a transmitir. Si sigues los pasos que se indican a continuación, te resultará mucho más fácil concentrarte a la hora de pronunciar tu discurso.

Los mejores oradores consiguen que parezca que actúan de forma natural porque están en sintonía con su entorno. Son dos los elementos a tener en cuenta: el local en su conjunto y el propio escenario o espacio para hablar. Empezaremos por el primero.

El lugar de la celebración
El lugar puede ser una sala de reuniones, un espacio para eventos o un centro de conferencias. Si puedes sacar tiempo para

examinar el terreno antes del día de tu intervención, eso te será de gran ayuda para visualizar tu discurso. Y, si no puedes analizarlo de primera mano, tómate la molestia de averiguar algunos detalles. Busca fotos en internet, pregunta al organizador o llama al lugar de la celebración.

La distribución

La disposición del local, y en particular la de los asientos, puede influir mucho en el estilo del orador y en la posibilidad de pronunciar con éxito un discurso ante toda la sala. Algunas distribuciones espaciales son mucho más difíciles que otras. Los ponentes experimentados modifican su estilo de discurso y utilizan determinadas técnicas para captar la atención de la sala, dependiendo de si está dispuesta al estilo cabaret —con el público sentado en pequeñas mesas redondas— o al estilo teatro —con filas de asientos—. Además, la distancia que haya entre tú y el público puede influir en gran medida en los niveles de conexión y energía y, por lo tanto, en el éxito de tu charla.

Si te dan la oportunidad, deberías participar en la distribución de la sala. Algunas cuestiones que puedes pedir:

- Que la distancia entre el público y tú sea reducida.
- Una línea de visión clara para todos los asistentes.
- Una tarima elevada para que todos puedan verte —no es necesario que sea un escenario, sino algo que te eleve para que puedas ver el fondo de la sala—.
- Una iluminación adecuada, tanto para el público como para el orador.

Lo que funciona mejor para ti es, hasta cierto punto, una cuestión de preferencias personales. Cada orador prefiere una disposición diferente. No tengas miedo de preguntar o, incluso, de visitar el lugar para poder prepararte bien y solicitar la disposición más adecuada para tu intervención. Si, por la razón que sea, nada de esto es posible, al menos date un tiempo para aclimatarte a la sala antes de tu intervención. Sitúate en el lugar en el que vas a hablar y date un buen paseo por la sala. Es mejor que te hayas familiarizado con el lugar a que te sorprenda algo inesperado. Evita que la primera vez que entres en la sala sea justo cuando vayas a hacer tu presentación ante el público.

Los aspectos técnicos

También se han de tener en cuenta los aspectos técnicos con los que cuenta el recinto. En primer lugar, y de manera fundamental, los medios audiovisuales (AV) o el sonido y la iluminación. Si el evento en el que vas a participar cuenta con un equipo audiovisual profesional para encargarse del montaje, esas personas serán quienes mejor podrán ayudarte. Controlan el sonido y los elementos visuales que vayas a utilizar y, por lo tanto, desempeñan un papel importante para garantizar el éxito de tu actuación.

El uso de AV suele a significar que el tamaño de la sala hace necesario que el orador tenga que utilizar el micrófono. Debes tener claras tus preferencias personales en cuanto a este equipamiento esencial. ¿Te sientes más cómodo con un micrófono de mano, con uno de solapa o con los cascos? Dile al organizador qué tipo de micrófono quieres desde el principio.

No hay nada de malo en hacer esta petición, ya que cualquier organizador responsable entiende la importancia de que un orador se sienta cómodo.

La puesta en escena

Esto nos lleva a debatir sobre la puesta en escena. Algunos oradores obtienen su energía moviéndose sobre el escenario, mientras que otros prefieren la seguridad que ofrece hablar ante un atril sobre el que pueden colocar sus notas y sujetarlo con sus manos. Por lo general, el organizador dispone el escenario de una manera determinada; sin embargo, como orador, debes asegurarte de que se te coloque en la situación más adecuada para tu estilo de presentación. Eso requiere que hables con el organizador para asegurarte de que tiene en cuenta tus necesidades. El hecho de que el organizador prevea de antemano una manera de hacer el montaje no quiere decir que no tengas autoridad para cambiarlo. Al igual que sucede con el tema del micrófono, si no están con las manos atadas, lo normal es que se presten a hacer lo que mejor funcione para ti. Solo tienes que pedirlo.

ESTUDIO DE UN CASO

Nigel Risner: La «teoría de los animales»

Nigel Risner es un conferenciante motivacional especializado en el desarrollo humano y en capacitar a las personas para que aprovechen sus puntos fuertes en el lugar de trabajo. Es conocido por su «teoría de los animales» expuesta en el libro *It's a Zoo Around Here: The New Rules for Better Communication* y cuando actúa suele clasificar a los asistentes según cuatro estilos comunicativos —león, elefante, mono y delfín— con el fin de demostrar cómo los equipos pueden beneficiarse de la interacción entre sus diferentes miembros.

Nigel siempre llega temprano para comprobar el estado de la sala y asegurarse de que tanto él como todos los que participan en la organización del evento van a estar cómodos. «Como orador profesional me contratan para hablar y, si tienes un auditorio concreto, es lo que hay, y hay que ponerse manos a la obra», dice. «No obstante, si pudiera elegir y me preguntaran: "¿Qué quieres?", siempre pediría el estilo cabaret. Siempre pediría un espacio para poder moverme entre las mesas. Y siempre pediría una tarima un poco elevada; no quiero un escenario grande, porque quiero estar lo más cerca posible del público».

Mientras que algunos oradores quieren reducir al mínimo la participación del público, Nigel es partidario de la interacción. Por ello es reacio a un auditorio oscuro y siempre pide al equipo audiovisual que lo ilumine, si es posible, para poder ver las miradas de la gente. También tiene un kit de herramientas que lleva consigo a cada evento.

«Siempre llevo alguna de mis herramientas, también los bolígrafos de colores para las pizarras y papel extra por si debo extenderme», dice. «Además, siempre llevo mis sombreros de animales, y golosinas para compartir con el público. Así que tengo un pequeño maletín que siempre va conmigo, y nunca facturo esa bolsa, porque es mi amuleto».

Ade Adepitan: Rutina a prueba de fallos

El presentador de televisión y jugador paralímpico de baloncesto en silla de ruedas Ade Adepitan, suele pedir lo mismo en cada evento, ya que para él es bueno tener una rutina y, además, si las cosas no van bien, le es más fácil mirar atrás y ver si alguna parte de su rutina ha cambiado. «Suelo hablar con los anfitriones y hacerles saber qué voy a hacer y qué necesito para darles la mejor charla posible», explica Ade. «A no ser que haya una emergencia real, intento asegurarme de que lo que consigo sea lo que se muestra en envoltorio».

Como medida de seguridad, Ade siempre lleva su teléfono inteligente con recordatorios guardados en la aplicación de notas, que a menudo incluyen un punto específico que quiere transmitir en la exposición, y un cargador. También lleva dos memorias USB con su presentación y, además, tiene un enlace a la presentación en su teléfono, como copia de seguridad.

Cuando vayas a pronunciar un discurso menos formal —como en una reunión de equipo— también merece la pena tener en cuenta la puesta en escena. Es posible que no puedas reorganizar la sala para adaptarla a tu distribución preferida; en especial, si una parte importante del volumen de la sala lo ocupa una gran mesa de juntas. Pero sigue habiendo algunos detalles que puedes hacer para marcar la diferencia; por ejemplo, planificar de antemano el lugar exacto en el que te vas a situar.

Anticiparse de esta manera disminuye la incertidumbre y, por consiguiente, el estrés. Eso te ayudará a sentir que tienes el control.

ESTUDIO DE UN CASO

Jon Culshaw: Ritual de la suerte

Algunos conferenciantes también siguen sus propios rituales de la suerte. El principal imitador de Gran Bretaña, Jon Culshaw, tiene una peculiar rutina que sigue cuando habla en las noches de premios y en las cenas de gala.

«¿Conoces esos cartelitos donde está escrito el nombre de cada uno de los comensales indicando el lugar que ha de ocupar en la mesa?», dice Jon. «Por alguna razón, yo siempre conservo el mío. Siempre lo pongo en mi bolsillo interior, justo al principio. No sé por qué, es algo que hago. Es como una conexión psicológica con el evento».

Consejos para un orador

- Familiarízate con el lugar de celebración con antelación.
- Pide que la sala se adapte a tus preferencias personales.

7. El día

Es el día del discurso. Has hecho muchos preparativos, has sentado las bases para que tu discurso salga bien. Estás listo para empezar. Lo que hagas en el momento previo a subir al escenario puede ser fundamental y marcar una gran diferencia.

Accede a tu zona de confort

El objetivo es prepararte de la forma que mejor vaya contigo. Se trata de que te acerques lo máximo posible a tu propia zona de confort. Sí, seguirás estando algo nervioso pero, como estarás haciendo las cosas de la manera correcta, eso debería jugar a tu favor, en lugar de reducir tu concentración. Cuando vayas a hablar, no parecerá que estás luchando con un tenso desenlace. En realidad, sentirás una agradable sensación de alivio que hará que tu discurso sea más fluido.

Examina el lugar del evento

Como se ha comentado en el capítulo anterior, el secreto es llegar temprano. De este modo, podrás hacerte una idea clara del espacio. Tómate el tiempo necesario para revisar la sala en la que vas a hablar. Asegúrate de que la disposición de los asientos se ajusta a tus preferencias —en especial, a lo acordado con el organizador—. Y, si hay un equipo técnico de sonido, búscalo para recordarles cómo quieres hacer las cosas. Estarán encantados de ayudarte, porque al fin y al cabo quieren que las imágenes y el sonido sean óptimos.

ESTUDIO DE UN CASO

Maggie Alphonsi: Siente el ambiente

En el capítulo anterior hablábamos de cómo percibir la energía del espacio y adaptarse a ella. La exjugadora internacional de rugby Maggie Alphonsi, ganadora de la Copa del Mundo e integrante del equipo de Inglaterra que ganó siete títulos consecutivos de Seis Naciones, puede que sea uno de los nombres más conocidos del planeta en los deportes de equipo femeninos. Ahora es una profesional de los medios de comunicación y una polifacética oradora. Maggie siempre intenta llegar temprano y adaptarse al ambiente reinante.

«Siempre adapto mi discurso al espacio que hay ese día», dice. «Tengo mis diapositivas y vídeos básicos, pero los organizo de una manera determinada en función de la gente que haya en la sala y del propio ambiente. Para entender mejor el entorno, siempre intento llegar antes y escuchar a los oradores anteriores y hablar con los delegados o miembros del personal de la sala».

Maggie no tiene un ritual previo a la charla como tal, pero antes de su presentación siempre se asegura de que sus diapositivas y sus vídeos podrán verse. «Además, siempre envío mis diapositivas al cliente, una semana o dos días antes de la charla para asegurarme de que las tienen y son compatibles con su sistema operativo», añade. «También me aseguro de poder tomar una taza de café antes de empezar mi charla para estar alerta y preparada».

Trabaja en la sala

Es una buena idea entablar una conversación previa con otros asistentes, para que puedas adelantarles algunos detalles sobre tu discurso. Este tipo de conversaciones no solo te permitirán calibrar el estado de ánimo de los asistentes —con lo que podrás hacer algunos ajustes de tono para estar en plena sintonía con el público—, sino que también te ayudarán a convertir a un público desconocido en una serie de caras amables que tienen mayores expectativas ante un discurso positivo y que ya sienten una conexión contigo. Trabajar así en una sala te proporciona una maravillosa ventaja: incluso antes de subir al escenario, ya has empezado a atraer y sensibilizar a tu público y a ponértelo en el bolsillo.

Si vas a intervenir en un evento en el que antes actúan otros ponentes y hay otras sesiones, escucha a algunas de esas personas. Así conocerás mejor a la audiencia.

Farrah Storr: Cuidar lo que se dice

«Siempre es interesante sentarse entre bastidores para mirar a tu público», dice Farrah Storr, galardonada redactora jefe de *Elle UK*, ex redactora jefe de *Women's Health* y *Cosmopolitan* y autora de *The Discomfort Zone*, un libro que analiza cómo el desafío y el cambio pueden liberar la creatividad y el potencial humano. «Significa que te preocupas por lo que dices. ¿Hay muchas mujeres jóvenes? ¿Hombres mayores? Intenta utilizar anécdotas que les resulten familiares».

Intégrate en el ambiente

Es una buena idea prestar atención a algunos de los mensajes clave de los demás ponentes y al tipo de lenguaje que se utiliza a lo largo del día, ya sea el de otros oradores o el predominante en el sector. Puede ser conveniente reflejar este tipo de lenguaje, sin exagerar. Puede aportar una sensación de familiaridad a tu discurso, lo cual te acercará al público. Incluso puede suscitar un vago sentimiento de parentesco, la sensación de que eres «uno de los nuestros». Sin duda alguna, si utilizas el lenguaje adecuado, las personas del público percibirán que las entiendes.

Además, si haces que tu discurso encaje con algunos de estos trucos de seguimiento, el público estará mucho más cómodo. Lo que quieren es disfrutar del discurso, no quieren perder el tiempo averiguando cómo encaja con el resto de actividades del día. Sí, como orador, puedes ayudar a la audiencia a enlazar los diferentes puntos; eso es otro paso importante hacia un resultado exitoso.

Cath Bishop: Mantener la naturalidad

La remadora olímpica y respetada diplomática Cath Bishop suele hablar de temas que giran en torno a la gestión de contratiempos y otras situaciones difíciles. Es una firme partidaria de incorporar a sus discursos los nuevos mensajes escuchados durante el día.

«Cuanto más te relaciones con lo que ha sucedido en el evento antes de que llegue tu turno, o con las situaciones que han sido más especiales para el público al que te diriges, mejor podrás conectar y el público sabrá que no estás reproduciendo un discurso cortado y pegado del día anterior», afirma Cath. «Es muy importante retomar el lenguaje utilizado en otras partes del acto para poder reforzar y enlazar con otros mensajes, y ayudar así a la audiencia a entender los temas del día, en lugar de hacer que les resulte difícil relacionarlo todo».

«También ayuda a evitar una brecha entre los oradores "de la casa" y los que como tú no lo son, de modo que de nuevo todos los mensajes se refuerzan y están relacionados. También puede ayudar a refrescar tu discurso, para que muestres de qué manera tus historias y experiencias son relevantes para otra organización».

Cath considera que escuchar a otros ponentes y líderes que dan charlas en un evento es una forma de desarrollo profesional continuo (CPD, por sus siglas en inglés). Su objetivo es aprender de las técnicas que utilizan para transmitir su mensaje, y a menudo toma notas de las historias que le son familiares. «Si escribo algunas notas, a veces mi mente las incorpora de manera automática a mi charla cuando llego a puntos que se relacionan de forma natural».

Cath cree que es importante tener una actitud de adaptación. Dice que a menudo tiene la sensación de que se adapta bastante, pero en realidad cree que se trata sobre todo de pequeños ajustes. Aunque «a veces esos pequeños ajustes son esenciales para que el discurso resulte relevante para el público, adecuado al lugar y el entorno y, en general, para que sea auténtico».

Prepárate para salir al escenario

Muchos oradores tienen un ritual establecido para conseguir el estado adecuado que les permita hacer bien su intervención. Esto puede ayudar tanto a centrarse mentalmente como a evitar los nervios que, sin duda, pueden aparecer.

Ese no es el momento para repasar el discurso una y otra vez. El mejor momento para hacerlo es en los días previos al evento. Ya lo has hecho, y lo has hecho bien. Releer el texto como un enajenado en los valiosos últimos minutos no te aportará ninguna mejora. No te ayudará a memorizar ni a pronunciar mejor tu discurso. De hecho, lo más probable es que te invada la confusión y la ansiedad, así que no caigas en esa trampa. Como mucho, puedes permitirte repasar uno o dos puntos que consideres clave.

Mantener el control

Cuando se acerque la hora de tu charla, busca un lugar tranquilo para serenarte y hacer las modificaciones de última hora. Ese es el momento de incorporar cualquier punto o cambio de lenguaje que hayas detectado durante el proceso de integración en el entorno. Es totalmente necesario insistir en que no hay que hacer demasiados cambios en esta fase. Has de tener en cuenta el tono y tu marca personal. No caigas en la tentación de adornar el discurso con un lenguaje con el que no te sientas cómodo.

Si tienes dudas sobre si algo encaja bien en el discurso, no lo uses. Cuando añadas nuevos contenidos aprendidos o palabras en esta última fase, asegúrate de que aportan algo valioso, de que complementan al resto del discurso y de que ayudarán al público. En estos momentos no es recomendable apostar por el equivalente a la expresión oral de «golpea tan fuerte como puedas y reza».

ESTUDIO DE UN CASO

Cath Bishop: Recurso de seguridad

Cath Bishop, al principio de su carrera como oradora, solía escribir sus discursos con muchos detalles, pero con el tiempo su proceso ha evolucionado. Ahora planifica un esquema conciso, por lo general con una longitud máxima de una cara de papel A4, y luego lo desglosa en puntos clave.

«Siempre tengo una tarjeta recordatorio con la estructura clave, unos cuantos puntos, la historia de apertura y la historia de cierre, que escribo en las últimas veinticuatro horas, a menudo de camino a un evento, y que miro en la última hora y de nuevo unos minutos antes de salir, y más o menos memorizo», confiesa. «Casi siempre me llevo la tarjeta al escenario, la dejo en el atril o la doblo y la guardo en un bolsillo. Nunca la miro, pero es algo que me da seguridad, por si alguna vez siento que me he perdido. Por suerte, eso aún no ha ocurrido».

En los últimos minutos previos a tu intervención intenta reforzar tu aplomo y control. Convéncete a ti mismo de que el discurso saldrá de forma natural, porque así será. Tómate ese tiempo para concentrarte en sentirte seguro. Recuérdate por qué te han pedido que hables. Convéncete de tu credibilidad y de tus credenciales. Visualiza lo que sentirá el público cuando termines el discurso, el impacto que tendrá. Ese es el momento del refuerzo positivo. Persuádete de que lo vas a conseguir. Imagina un aplauso rotundo.

Cómo vencer los nervios de última hora

Supongo que los nervios fueron una de tus mayores preocupaciones cuando decidiste leer este libro. Los nervios acuden a la mente de muchas personas que se preparan para hablar en público. De hecho, es justo decir que representan el mayor impedimento para cualquiera que se plantee dar un discurso. Ahora, unos minutos antes de dar el discurso los nervios llegarán al máximo nivel. No es algo que se pueda evitar, por muy experto o experimentado que sea un orador. La cuestión es cómo gestionarlos y convertirlos en algo constructivo. ¿Cómo convertirlos en adrenalina positiva que alimente tu energía en el escenario y te dé más confianza en tus posibilidades?

Para responder a estas preguntas, voy a contar una anécdota de los primeros años de mi carrera en el ámbito de las conferencias. Estaba trabajando con un orador de alto nivel, una estrella del deporte ya retirada, y tras haber leído mucho sobre él en varias publicaciones llegué a la conclusión de que, en realidad, no necesitaba hacer ningún discurso profesional para obtener ingresos. En su primera intervención, justo antes de salir al escenario, era un manojo de nervios y energía. Luego subió al escenario y realizó una actuación impecable. Me quedé asombrado y deduje que los nervios debieron de ser algo puntual. Sin embargo, unos días más tarde, vi que se volvía a dar la misma situación. Me intrigó mucho. Hablamos después de su discurso y le pregunté cómo era posible que lo hubiese hecho tan bien si era evidente que el nerviosismo se había apoderado de él poco antes de empezar su actuación.

El orador se dirigió a mí y me dijo que lo que sentía justo antes de salir al escenario era lo más parecido a lo que sentía cuando se preparaba para participar como deportista de élite. Sabía cómo utilizar los nervios para ayudarle a competir de la mejor manera posible. Los nervios no deben verse siempre en un contexto negativo. Es posible replantearte qué hacer con tu nerviosismo, para darle la vuelta y utilizarlo de manera que te permita realizar algo realmente memorable sobre el escenario.

Esto, para mí, no significa ignorar que existen los nervios. Tampoco significa minimizarlos. Por el contrario, se trata de sacarles el máximo partido convirtiéndolos en un catalizador de energía positiva para mejorar el discurso. Al igual que en el caso de los deportistas de élite, que necesitan notar las mariposas en el estómago antes de una carrera o un partido para poder rendir al máximo nivel.

ESTUDIO DE UN CASO

Farrah Storr: Reestructura tus emociones

Farrah Storr se prepara haciendo algunos estiramientos y respiraciones profundas antes de ponerse delante del público. «Pero también me digo me que siento excitada y emocionada, no asustada. Eso es esencial, porque la mayoría de la gente, incluida yo, tiene la cabeza a punto de explotar, el corazón saliéndose del pecho, las manos húmedas... antes de salir al escenario. Sin embargo, la forma en que interpretas estos sentimientos es crucial para tu actuación. Si te dices que tienes miedo, puedes sentirte abrumado con facilidad. Pero, si te dices que te sientes excitado —al fin y al cabo la excitación y el miedo se manifiestan de formas muy similares en el cuerpo—, ocurrirá algo extraordinario. Respiras con más facilidad, la sangre circula por todo el cuerpo con más libertad, el oxígeno llega más rápido al cerebro, lo que significa que piensas con más agudeza e inteligencia. Para mí ha sido un cambio total».

A lo largo de los años he preguntado a muchos oradores brillantes sobre los nervios. Hay una sorprendente similitud en sus respuestas. Lo que me dicen es que, a medida que los nervios aumentan, la forma de evitar sucumbir ante ellos es concentrarse en la primera frase del discurso. Una vez que la han pronunciado con éxito, todo fluye. Y, como por arte de magia, los nervios desaparecen. Así pues, concéntrate en esa frase inicial y pronunciarás un discurso exitoso.

Jon Culshaw: Desconecta tus miedos

El cómico e imitador Jon Culshaw dice: «Estar nervioso antes de dar un discurso es tan solo miedo a lo desconocido. Entonces descubres que desde el momento en que empiezas a decir las primeras palabras ya no estás en un territorio desconocido. Entonces entras en una zona de confort, y la sensación se desvanece».

Si un hombre tan acostumbrado a actuar como Jon sigue poniéndose nervioso, a ti también te puede pasar. Cuando surjan los nervios, acéptalos con la certeza de que te ayudarán a mejorar tu actuación y se evaporarán en cuanto te pongas en marcha. O como también dice Jon: «Esa sensación de nerviosismo se apaga como una bombilla». Es una magnífica analogía que te ayudará a disipar tus preocupaciones. Tranquilízate con una imagen mental de que tus nervios se apagan con tanta facilidad como una bombilla.

Consejos para un orador

- Cree en ti: tienes la credibilidad y las credenciales necesarias.
- Convéncete de que sientes excitación en lugar de miedo.

8. Pronunciar el discurso

Ha llegado el momento de pronunciar tu discurso. Tras haberte tomado los últimos minutos para serenarte, estás listo para dejar al público boquiabierto. La gran preparación ha llegado a su fin. Culmina todo ese trabajo de preparación que has llevado a cabo. Ahora te toca empezar a hablar. Animado por el tiempo y el esfuerzo que has dedicado a elaborar tu intervención, deberías sentirte preparado para la merecida recompensa que supone compartir tus pensamientos y opiniones, y… aliviado porque la espera ya ha terminado.

Pronunciar el discurso debe ser el colofón —y de hecho, la celebración— de todo el trabajo duro y el tiempo que has invertido en ello. Una vez que empieces, sentirás que tienes el control. Si hablas con un estilo propio y te sientes cómodo con el público, lo más probable es que les sorprendas con un discurso excelente.

Veamos con más detalle el proceso de pronunciar el discurso.

Antes de empezar

Cuando subas al escenario o te dirijas a la parte delantera de la sala, lanza una rápida mirada al público. No importa si captas las miradas de unas cuantas personas o si vislumbras un mar de rostros, tómate ese breve momento para asegurarte de que el público espera que destaques. Porque así es. Tu público quiere, tanto como tú, que pronuncies un discurso memorable. No quieren tener que aguantar a un ponente aburrido o tener que esforzarse para entender a alguien que no es claro ni coherente. Les encantaría que fueras genial. Así que recuérdate que están de tu lado incluso antes de que abras la boca.

ESTUDIO DE UN CASO

Lord Coe: Evitar los discursos «encapsulados»

«Creo que el público debe percibir enseguida que uno tiene una pizca de personalidad, que no se toma demasiado en serio a sí mismo y que no está ahí para darles un sermón», dice Sebastian Coe, prolífico plusmarquista mundial, uno de los mejores corredores de Reino Unido, presidente de Londres 2012, presidente de la IAAF y destacado conferenciante. «No estás ahí para leer un guion. Lo que has de dejar claro es que no se trata de un discurso "encapsulado": no se trata de recitar las mismas frases de siempre con algún ligero cambio».

Lord Coe añade que es importante no ser demasiado agresivo o arrogante, y que lo ideal es hacer reír al público. «Hay que lograr que la gente se sienta cómoda. Lo más importante es evitar que en los primeros minutos piensen: "Dios mío, tengo que aguantar una hora de esto". Lo que quieres es que piensen: "Bueno, el tipo está bastante relajado y no me siento como si estuviera en el INSEAD* recibiendo una conferencia sobre Estructuras de Gestión 101"».

Los dos primeros minutos

En el capítulo 4, «Contar historias», hablamos de cómo un buen orador puede ser flexible, cambiando a menudo el rumbo de su historia sin socavar el propósito y el impacto de su discurso, gracias a su seguridad y al profundo conocimiento de sus mensajes subyacentes. Eso es algo magnífico. Sin embargo, en esos dos minutos iniciales debe suceder todo lo contrario: deben estar muy bien preparados para poder comunicar correctamente los puntos mencionados con anterioridad.

Una de las ventajas de hacer esto es que tienes un par de minutos muy valiosos para que los nervios, las preocupaciones y los temores se vayan difuminando a medida que ganas confianza en el escenario; en parte, porque irás viendo lo

---

* Escuela de Negocios de Fontainebleau.

receptivo que es el público a tus comentarios iniciales. Hay que practicar y ensayar esas palabras para poder pronunciarlas a la primera. Tienes que estar seguro de que tus comentarios suscitarán respeto e intriga entre el público, y estimularán sus ganas de escuchar más. Tendrás que transmitir que estás bien cualificado para hablar sobre el tema en concreto y que tienes argumentos interesantes que aportar al respecto.

Si durante esos dos primeros minutos te ciñes a exponer esos mensajes que tan bien has elaborado, estarás en un terreno firme y seguro. Eso te ayudará a mantener la seguridad en ti mismo y la fluidez a medida que avances en tu discurso.

El corazón del discurso

Es crucial demostrar que dominas bien tu discurso en los primeros dos minutos, porque se trata de evitar caer en la trampa de aparecer en el escenario llevando contigo una copia de tu exposición. ¡No caigas en la tentación! Eso jamás funciona. Al contrario de lo que piensen algunas personas, tener el texto completo de tu discurso por si quieres consultar algo no aporta seguridad.

Aparentemente, llevar el guion completo puede parecer una muleta útil a la que recurrir «por si acaso» olvidas las palabras. Pero solo es un espejismo. En realidad, esos pedazos de papel a los que se aferra un ponente actúan como una barrera entre él y su audiencia; debilitan la comunicación y rompen la sensación de estar teniendo una conversación, convirtiendo el diálogo dinámico en un aburrido monólogo.

Farrah Storr: Conversar con el público

La galardonada editora Farrah Storr se enorgullece de ser muy meticulosa en los preparativos de un discurso. Lo escribe un par de veces, asegurándose de que la estructura sea tan correcta como si fuera un escrito editado por expertos, ya que es así como ella asimila mejor la información.

«Sin embargo, una vez que estoy en el escenario con el público delante, me adapto por completo», dice. «No uso notas, nunca lo he hecho. Podrían desequilibrarme, y a nadie le gusta ver a alguien leyendo un trozo de papel. Desaparece la ilusión de estar conversando de forma natural con el público».

«Además, hay que interactuar con el público. Un buen orador se da cuenta de cuándo se ríen, cuándo se callan y de cuándo baja la energía de la sala. Si percibes esas señales, tienes que adaptar tu discurso a las circunstancias. Si una palabrota les hace reír, puedes introducir otras. Si se callan, no vuelvas a decir palabrotas».

Tarjetas de seguimiento

No te desesperes si te preocupa perder el hilo de la historia. Todavía hay margen para utilizar una ayuda en forma de tarjetas de seguimiento. La mejor manera de hacerlo es asociar una palabra o frase a cada historia o parte del discurso. Una serie de tarjetas con «frases desencadenantes» en el orden adecuado para el discurso es todo lo que cualquier orador debería necesitar.

Con este método, las palabras que pronuncies ese día te resultarán naturales y se adaptarán con fluidez a tu historia: un rápido vistazo a una frase desencadenante, si es necesario, y podrás continuar sin problemas. Esto no tiene nada que ver con la torpeza de tratar de encontrar un determinado enunciado en una página llena de texto. O, lo que es peor aún, con dejarse arrastrar por la lectura de un párrafo tras otro de forma forzada e inconexa. Parecerás tan cálido y espontáneo como un jefe de policía que lee un comunicado ante la prensa. ¡Por supuesto, no quieres ir por ese camino! La magia consiste en tener memorizados los puntos clave y saber expresarte de manera natural.

ESTUDIO DE UN CASO

Daisy McAndrew: Rompiendo el hielo

Daisy McAndrew, locutora de televisión, animadora de conferencias y presentadora de premios, insiste en que es esencial que un orador encuentre alguna forma de romper el hielo. «A veces es un chiste, a veces es una tontería como una palabrota, pero es algo que demuestra que el orador no es un profesor universitario impartiendo una conferencia ante un montón de estudiantes absortos. Estamos hablando de alguien que está compartiendo una experiencia con el público, y buscando la manera de romper el hielo. Puede que algunos hagan un chiste sobre sí mismos, algún tipo de comentario sarcástico y humorístico. Puede que otros bromeen sobre la organización. En cualquier caso, demostrarán que han hecho los deberes y dejarán claro que conocen a la audiencia».

«El público piensa, vale, este tipo o esta chica no se limita a leernos el discurso que hace para todo el mundo. Nos lo ha hecho a medida. Nos entiende. Ha hecho un chiste sobre el tema. Luego, un chiste sobre sí mismo. Ha demostrado que conoce a la gente de esta empresa para dejar claro que sabe de lo que habla, y ahora nos ha contado una fantástica historia inconfesable sobre un político».

«Si eres capaz de hacer este tipo de cosas en los primeros minutos de tu discurso, entonces el público estará de tu lado y estará deseando que te salga bien».

Ayudas visuales

Vamos a centrarnos en otra parte fundamental del discurso: las diapositivas o los elementos visuales. No olvides nunca que están ahí para respaldar tus palabras, no para pronunciarlas. Las diapositivas deben ser atractivas y servir para dos propósitos:

- Para el orador, pueden actuar como tarjetas de ayuda. La imagen mostrada debe desencadenar la historia que has planeado contar a continuación: la correlación entre la imagen y la historia debe ser lo bastante fuerte como para provocar un recuerdo casi instantáneo de la asociación entre ambas, y te permitirte avanzar tranquilamente en el discurso según lo previsto.

- Para el público, el objetivo es que echen un vistazo a la imagen y la archiven en su cerebro antes de volver a centrarse en las palabras que estás pronunciando. Suponiendo que la imagen sea impactante y la conexión entre la historia y la imagen sea evidente o esté indicada con claridad, se les quedará grabada en la mente. De este modo ayudará a que ciertos puntos clave de tu discurso se instalen de forma indeleble en su memoria.

Si una diapositiva debe contener palabras, mi regla de oro es que el máximo debe ser siete: las suficientes para hacer una declaración llamativa, pero las mínimas para que el público no se despiste. Hay algo tan obvio que a menudo se pasa por alto: el público está ahí para escuchar un discurso, no para leer una presentación de diapositivas. Cualquier cosa que desvíe la atención del orador durante más de unos cuantos segundos puede destruir esa conexión vital que debe establecer con el público.

Muchos oradores creen que es necesario mostrar datos y cifras en la pantalla. Tanto para reforzar los mensajes que transmiten como para justificar su credibilidad. Esta no es la manera adecuada de hacerlo. Es mucho mejor dejar claro a la audiencia que puede proporcionarles sus diapositivas y cualquier hoja informativa de la empresa después de la presentación. De este modo, podrá exponer los hechos sin dedicar demasiado tiempo a justificarlos, pero también logrará que el público se centre en el discurso, y no en las diapositivas. Es preferible tanto para ti como para ellos que no tengan que dedicar tiempo a garabatear con ahínco los datos y las cifras que aparecen en la pantalla. En vez de ello, pueden prestarte toda su atención y disfrutar de la exposición.

Pronunciar el discurso **85**

Dra. Louise Mahler: Cada cosa a su tiempo

La Dra. Louise Mahler es una oradora sobre liderazgo y especialista en lenguaje corporal. Dice: «La gente solo puede concentrarse en una cosa al mismo tiempo. Lo que significa que, si utilizas elementos visuales con mucha información y gráficos mientras hablas, ¡estás alejándoles de tu propio contenido!».

Las diapositivas —si las utilizas— han de ser de gran calidad. Las diapositivas representan tu marca personal de la forma más descarnada. Por muy magnífico que sea un orador, si sus diapositivas dan una imagen diferente, el público recibe mensajes contradictorios. Cuando esto ocurre, el ponente corre el riesgo de ponerse en peligro, ya que un discurso es una actuación completa. Por eso, si las diapositivas forman parte de tu actuación, tienes que asegurarte de que también transmitan la imagen adecuada.

Nigel Risner: Prescindir de las ayudas

Nigel Risner, elegido en su día como orador del año por la Academia de Directores Ejecutivos, advierte del peligro de depender en exceso de las diapositivas. «La mejor manera de aprender», dice, «es asumir que en algún momento de tu presentación es posible que las diapositivas no funcionen o que el equipo audiovisual falle, y que vas a tener que prescindir de ellas. Estuve en la sede de Sainsbury y mis diapositivas no funcionaron, y fue una de las mejores presentaciones que he hecho. No sabes que puedes hacerlo hasta que te fallan, porque crees que dependes de tus diapositivas. Son una ayuda, no son tu presentación. Si pudiera enseñar algo a alguien, sería que las diapositivas son un extra».

Cronometraje

Llegados a este punto, analicemos el tiempo. Si no se diseña bien un discurso, no se puede controlar el tiempo que se tarda en pronunciarlo. Eso puede ser un gran error, porque el tiempo es un elemento clave para cualquier orador. Has de analizar y planificar la duración de tu discurso.

Si adoptas un enfoque más libre al pronunciar tu discurso, debes tener especial cuidado con el tiempo. Identifica los momentos específicos del discurso en los que estás transmitiendo mensajes clave para el público y utilízalos como marcadores: por ejemplo, el punto A, a los cinco minutos; el punto B, a los diez, y el punto C, a los quince. Una de las mayores ventajas de hacer que la narración sea el centro del discurso es que te permite hacer ajustes para asegurarte de que terminarás a tiempo. Piensa en ello como un enfoque flexible, en el que puedes alterar la duración de las historias, o incluso eliminar una o dos sin que ello afecte al mensaje general del discurso.

Sin prisas pero sin pausas

Para terminar, recuerda que debes respirar en el escenario y reducir la velocidad. Algunos grandes oradores se caracterizan por su rapidez, pero para la mayoría de nosotros hablar demasiado rápido debido a la adrenalina y a los nervios puede hacer que parezcamos confusos y tensos. Acorta el contenido de tu mensaje, en lugar de ir a cien kilómetros por hora.

No temas hablar demasiado despacio, el público lo entenderá como una forma de control y claridad. Un ponente que habla demasiado rápido corre el riesgo de ahuyentar al público... es posible que no entienda qué está diciendo o que no pueda seguir su ritmo.

El final del discurso

Hablar de manera atropellada es malo. Tener que ir a cien por hora y terminar el discurso a una velocidad supersónica antes de haber podido exponer todos los puntos clave es un gran error y una oportunidad perdida. Muchos oradores presentan sus mensajes clave al principio del discurso para asegurarse de que el público los ha escuchado.

Hablar atropellado es un sinsentido por muchas razones. Por ejemplo, puede haber una agenda muy apretada que se pone en peligro por el exceso de sesiones o reuniones. O, por el contrario, se ha planificado el tiempo para que los asistentes no se pongan nerviosos. Es más correcto terminar un poco antes que un poco más tarde. Sobre todo si dejas margen para una sesión de preguntas y respuestas (de ello hablaremos en el capítulo 9: «Convertir el discurso en una conversación»).

Qué hacer cuando se te acaba el tiempo

Si alguna vez te encuentras en una situación en la que has calculado mal el tiempo, no sueltes los puntos importantes que falta exponer a la desesperada. De hecho, este es el momento de ser honesto. Explica que no vas a poder tocar todos los temas que has expuesto al principio de tu discurso, y aclara que estarás encantado de hablar de los puntos que faltan en la sesión de preguntas y respuestas y que estarás disponible más tarde por si alguien quiere debatir algo contigo.

El público preferirá escuchar un discurso ameno en lugar de uno apresurado en el que el contenido se pierda en la entrega. Ser sincero también refuerza la conexión entre orador y público. Esto sucede cuando el orador entiende que el público es el protagonista del discurso. La audiencia necesita implicarse en la totalidad del discurso, no solo en lo que el orador haya decidido por su cuenta.

La práctica hace al maestro

Hablar en público tiene sus obstáculos, y la mejor manera de evitarlos es practicando. La práctica lo es todo. Es lo que te ayuda a parecer lo más natural posible cuando entras en un entorno no natural. Los mejores oradores —aquellos que parecen capaces de hablar «improvisadamente»—, no te equivoques, son los que se han pasado muchas horas practicando.

El valor de la retroalimentación

Es importante practicar delante de la gente. Lo ideal es que sean personas en las que confías y cuyos consejos valores y respetes. Insiste en que comenten lo que piensan y pídeles que te hablen con franqueza. Sí, es estupendo que te den una inyección de confianza al oír que lo haces muy bien. Sin embargo, asegúrate de que lo dicen en serio y de que no están evitando dañar tus sentimientos. La crítica constructiva es algo maravilloso, ya que te permite identificar los puntos en los que es necesario mejorar. La mejor manera de adquirir seguridad es practicando y preparando el discurso, y buscando comentarios que te ayuden a mejorar.

Los comentarios sinceros te permiten retarte a ti mismo y aumentar en gran medida tus posibilidades de éxito. Te ayudará a comparar y contrastar cómo hablas en el escenario y cómo hablas en la vida cotidiana. Tienes que ser consciente de tus patrones de discurso y de tu forma de hablar. Tienes que controlar tu lenguaje corporal y tus gestos. Tienes que estar seguro de que ofreces una representación real de lo que eres, en lugar de inventar una imagen falsa, de lo contrario quedarás expuesto al hablar y confundirás al público.

ESTUDIO DE UN CASO

Lord Coe: El arte de alcanzar un final satisfactorio

¿Qué consejo puede darse para un cierre? «Creo que hay que cerrar el círculo», dice lord Coe. «Y agradecer a la audiencia que te hayan escuchado. No tenían por qué hacerlo. Lo más probable es que no los hayan obligado a estar ahí. Sabes que si están en tu conferencia teniendo otras cuestiones que atender, no tienen por qué estar en la sala escuchándote. Agradéceles su presencia».

Consejos para un orador

- Recuerda siempre que el público está de tu lado.
- Las tarjetas con frases desencadenantes pueden ayudarte a mantener el rumbo.

9. Convertir un discurso en una conversación

Hasta este momento, todo ha ido en una dirección. Esa es la naturaleza de un discurso. Pero ahí está la cuestión, el único comentario que constantemente he escuchado una y otra vez a lo largo de los años, por parte de los organizadores de eventos, del público y de los propios ponentes, es:

El discurso fue fantástico, y realmente cumplió los objetivos que esperábamos del ponente; pero fue en la sesión de preguntas y respuestas del final cuando las cosas despegaron. Espectacular. Las preguntas, las respuestas y el debate que se creó llevaron el discurso a un espacio de verdadero aprendizaje compartido, y produjeron un valor añadido.

La habilidad para convertir un discurso en una conversación bidireccional es la mejor cualidad que puede exhibir un orador. Hace partícipe a la audiencia y, lo más importante, suponiendo que se tenga la credibilidad y los conocimientos necesarios para seguir hablando del tema en cuestión, significa que el público puede dirigir al orador hacia la conversación que *el público* quiere tener. No hacia la conversación que tú, el orador, crees que quieren tener. Es en ese momento cuando das el máximo valor a la audiencia, que se implicará de lleno en el discurso. De este modo, el acto se convertirá en algo memorable e impactante.

Kenneth Clarke: El placer de la espontaneidad

Kenneth Clarke, exministro de Economía y Hacienda del Reino Unido, es un orador activo, abierto y revelador, que disfruta en la sesión de preguntas y respuestas en sus intervenciones públicas. «Prefiero las preguntas y respuestas porque le dan algo al orador», dice. «Dado que pronuncio muchos discursos políticos y similares, sé cuáles son mis puntos de vista. Sé que quiero argumentarlos. No me importa hacerlo, es lo que he hecho toda mi vida. En un discurso sé lo que estoy tratando de transmitir, sé lo que intento dar, lo que creo que se debe dar a la audiencia. Todo eso lo conozco muy bien. Lo interesante es ver cuál es la reacción del público, escuchar sus opiniones y sus preguntas. Entonces sucede algo más espontáneo. Si sale bien, te estás involucrando con el público».

Al final del discurso: preguntas y respuestas

En mi opinión, todos los oradores deberían participar en una sesión de preguntas y respuestas después de su discurso, siempre y cuando se sientan cómodos con el tema que se está tratando. Es posible que sea la parte más fácil de toda la sesión, ya que te sentirás menos «expuesto» que durante la parte anterior del discurso. Considera tu discurso como el inicio de un proceso. Quieres que lleve a la reflexión, que despierte curiosidades, que suscite preguntas, que desencadene ganas de saber más. No lo trates como un punto aislado. Es algo más que eso: es una puerta de entrada a intercambios apasionantes.

Provocar la primera pregunta

Es posible que te sientas inquieto a la hora de decir «¿Alguna pregunta?» por miedo a encontrarte con el silencio sepulcral de un público impasible e indiferente. Plantear una pregunta es una forma de evitarlo. No cabe duda de que, en la mayoría de los casos, da un impulso a las preguntas, ya que estás dando confianza a los demás para que sigan tu ejemplo y participen. Sin embargo, no soy partidario de este tipo de técnica, ya que el público a menudo se da cuenta de ello.

Una forma algo más discreta de evitar ese problema es identificar una cara amable antes de dar el discurso. Tantear a la gente para ver si estarían dispuestos a hacer alguna pregunta si nadie se atreve a romper el hielo. Esta forma de simplificar el proceso permite suscitar preguntas originales, a pesar de que se requiera un empujón astuto para provocarlas, y cambia la dinámica de la sala para mejor.

Admitir la falta de conocimientos

Otra de las principales preocupaciones de muchos oradores sobre la sesión de preguntas y respuestas es si les harán una pregunta a la que no puedan responder con seguridad. O temen que se les cuestione alguna de las afirmaciones —peor aún, alguno de los hechos— de su discurso. Una vez más, la honestidad se impone. No hay nada malo en reconocer que no se conoce la respuesta adecuada ante una pregunta del público, y ofrecerse a responderla o debatirla más tarde. Me atrevería a sugerir que este tipo de respuesta hace que el orador se haga querer por el público y aumenta su credibilidad.

Un hecho inestimable para un orador es que, si bien uno puede ser un líder de opinión en su campo —e incluso puede que sea la persona más preparada para hablar sobre el tema—, el público no alberga la expectativa de que lo sepa todo y tenga todas las respuestas. Nadie presume de ser omnisciente. A menudo se trata de hacer que el público piense por sí mismo.

ESTUDIO DE UN CASO

Lee Warren: Siéntate y piensa

«La mayor certeza que he tenido sobre la sesión de preguntas y respuestas, y de verdad lo creo, es que suelen ser la parte más interesante del evento, tanto para el orador como para el público», dice el mago profesional y orador Lee Warren. «Para crear ese espacio, como orador, tienes que hacer dos cosas de manera consciente. La primera es que has de provocar, algo que cada persona interpreta de forma diferente. No me refiero a que seas insolente o grosero, sino que tienes que conseguir que el público se siente a pensar: "Oh, no creo que esté de acuerdo con eso" o "en eso no había pensado"».

«La segunda es que has de omitir información, también de manera consciente. Tienes que dejar pensamientos a medias o sin completar. Y, cuando observo a un orador muy hábil, veo que lo hace porque así genera preguntas interesantes».

Generar diálogo

Para estimular que surjan preguntas, puedes optar por omitir a propósito una parte del contenido que encaje bien en tu discurso. Lo ideal sería que se tratara de algo obvio que pudiera servir para suscitar la interacción. Una forma de asegurarte de que ese contenido omitido se va a cubrir es decir algo parecido a: «Lo siento, casi se me ha acabado el tiempo y sé que tenemos que tratar este tema. ¿Alguien tiene alguna pregunta sobre…?». Esto sirve para llevar a la gente a la sesión de preguntas y respuestas.

Tu papel como orador es tener opiniones y pensamientos basados en tus experiencias y aprendizajes. Debes desafiar las suposiciones y educar al público; debes compartir ideas que susciten conversaciones; además, debes dejar claro al público que tiene derecho a responder y que deseas y aprecias la comunicación en ambas direcciones. Aunque quieras que la audiencia absorba la información que estás compartiendo, no quieres una sala de esponjas pasivas; lo que se suele buscar es que los oyentes sean activos, que se alimenten de la energía de la sala tanto como de los contenidos que compartes, y que se preparen para participar en un diálogo.

Mark Jeffries: Autenticidad y coherencia

Mark Jeffries, consultor de comunicación para algunas de las mayores empresas del mundo y antes corredor de bolsa de Merrill Lynch, suele hablar de técnicas para generar confianza, éxito y conexión. Para él, los criterios clave para hablar en público con éxito son la autenticidad y la coherencia. «La gente debe sentir que eres la misma persona en el escenario y fuera de él», dice. «Y, muy a menudo, las preguntas y respuestas son más distendidas y fomentan el diálogo, y la gente puede ver la diferencia entre el presentador y la persona que dirige las preguntas y respuestas. Deberías ser la misma persona. Esa es mi opinión. Por lo tanto, eres mucho más creíble como persona porque no estás actuando de forma especial para ser el presentador».

Mark también da un consejo para responder a las preguntas inapropiadas. «Siempre hay alguien a quien le gusta hacerse notar. Con seguridad están ahí pensando: "Yo debería estar en el escenario", y a menudo fanfarronean o hacen que su pregunta dure cincuenta y cuatro minutos. Solo tienes que, con mucho humor, manejar eso y hacer que las cosas sigan su curso».

Cathy O'Dowd: Disfruta de la libertad de movimientos

La intrépida alpinista Cathy O'Dowd, la primera mujer en escalar el monte Everest, tanto por el lado norte como por el lado sur, disfruta de la naturaleza, «mucho más libre», de la sesión de preguntas y respuestas que sigue al viaje, «específico y estructurado», al que lleva al público en su discurso de apertura, en el que quiere que experimenten ciertas historias que cuenta y algunas cuestiones que expone. «La sesión de preguntas y respuestas posterior es una oportunidad para profundizar en los detalles de una historia o un tema que haya llamado la atención del participante», señala, «o para responder a su curiosidad sobre algo que han leído en los medios de comunicación».

Cathy añade que no pasa nada por sonreír y no responder a las escasas preguntas que resultan demasiado intrusivas. También aconseja que el maestro de ceremonias o el anfitrión estén presentes para interrumpir la sesión si una de las personas que pregunta se obsesiona y el resto del público se inquieta.

Durante el discurso: preguntas en tiempo real

Las preguntas y respuestas posteriores al discurso son el punto de interacción más obvio. Siempre que se manejen como una auténtica conversación se produce una interacción continua entre dos o más partes, y no tiene por qué empezar y terminar ahí. Un discurso demasiado controlado y seguido por un turno de preguntas no es el único modelo. El objetivo de cualquier ponente debería ser conseguir que la sesión fuese más interactiva, y ello a la vez serviría para potenciar el entusiasmo. Digo esto de manera categórica, porque creo que la interacción refuerza la conexión y el vínculo entre el público y el orador. Y esta circunstancia solo puede favorecer a que el orador se sienta aún más a gusto.

En el capítulo anterior, vimos cómo captar la atención del público en esos dos primeros minutos era una buena manera de empezar tu discurso. Inmediatamente, indica que se trata de una conversación interactiva con todos los presentes en la sala. Puedes adoptar este enfoque y utilizarlo en varios momentos de tu discurso. Pedir a la audiencia que dé su opinión o que exponga sus sentimientos sobre algún asunto, eleva el nivel de energía en la sala y hace que la gente se sienta valorada e implicada, en lugar de sentirse sermoneada.

De todos modos, fomentar las preguntas a lo largo de un discurso es una propuesta arriesgada. El público puede ser reacio a aprovechar esa oportunidad por miedo a cortar la fluidez del ponente. Por parte del orador, este debe tener mucha confianza en sus habilidades para no equivocarse. ¿Será capaz de recuperar el hilo de su discurso tras haberse salido por la tangente?

Utilizar la tecnología para facilitar la conversación

Como en tantos otros ámbitos, la tecnología está cambiando las cosas. El uso de aplicaciones es cada vez más frecuente en las conferencias y los eventos en vivo permitiendo al público preguntar en cualquier momento del discurso. Esto está llevando al mundo de la oratoria hacia una serie de direcciones interesantes. Para empezar, el público se siente cada vez más cómodo pudiendo formular sus preguntas de manera instantánea, porque al hacerlo mediante el uso de las tecnologías no interrumpe al orador.

Si las cuestiones son accesibles para el orador en tiempo real, esto puede ser de gran utilidad. Indican muy claramente la dirección o los temas que más interesan al público. Si se acepta esto, sobre todo si las historias se cuentan de forma gradual, se puede ajustar el discurso y el tiempo asignado a los distintos puntos para poner más énfasis en las historias y el contenido que han tocado la fibra sensible del público.

La tecnología ha abierto la puerta a que más personas hagan preguntas. Esas personas que no hace mucho tiempo se mostraban reacias a participar por temor a ser el centro de atención —aunque solo fuera durante un instante— hoy se atreven a hacer una pregunta gracias al anonimato que proporciona el hacerlo a través de una aplicación. Se ha demostrado que esto ha propiciado el incremento del número de preguntas por parte de personas que por lo general no las harían, lo que ha permitido enfocar el discurso por el camino de la conversación más que en cualquier otro momento de la historia.

Cathy O'Dowd: Adoptar la tecnología de inmersión

Cathy O'Dowd es una de las oradoras que ha adoptado la tecnología con gran éxito, integrándola en sus presentaciones de manera que el público se sumerja en su narración. Utiliza el software de encuestas Mentimer, lo que significa que existe un riesgo subyacente de que la tecnología no funcione. Dice que eso se ha vuelto menos habitual con el paso de los años, pero sigue asegurándose de contar con una red de seguridad. «La presentación está diseñada de tal manera que puedo omitir el elemento tecnológico sin que afecte al resto del discurso. También ayuda tener guardadas en la recámara algunas líneas de diálogo a modo de comodín, para llenar el lapsus en caso de que la tecnología no funcione, o bien para dar tiempo a que el público solucione cualquier problema que pueda tener con sus móviles».

Al principio, los organizadores de eventos se mostraban muy nerviosos con las encuestas. Por eso Cathy había redactado un detallado manual en pdf en el que explicaba el proceso paso a paso y podía enviárselo por adelantado a la organización. Esto ha cambiado en los últimos años, ya que esta tecnología se ha vuelto más fiable y se acepta con mayor facilidad.

«En el transcurso de mi historia ha habido momentos clave; momentos en los que nosotros, el equipo de escalada, tuvimos que tomar decisiones a pesar de no tener suficiente información con respecto al resultado», dice Cathy. «Al utilizar un programa informático que permite realizar encuestas y preguntar a los asistentes qué harían en ese momento, transformo a los oyentes pasivos en participantes activos, que ahora tienen la posibilidad de decidir qué opción era la correcta. Nuestro equipo no siempre acertó en sus decisiones».

«Cuando empecé a utilizar el software de encuestas, algunas personas sugirieron que sería más fácil levantar la mano, pero son dos cosas distintas. La gente levanta la mano, un gesto público, basándose en lo que hacen sus vecinos o en lo que creen que el jefe espera que hagan. Las encuestas son anónimas y privadas, y ofrecen un resultado distinto».

«Aparte del efecto de hacer que el público participe de forma activa en una historia, en lugar de ser simples oyentes pasivos, también me sirve para mantener la presentación viva. Sé, aproximadamente, los resultados que obtendré, pero cada público tiene sus diferencias y refleja el sector al que representan. Los banqueros de inversión y la gente de las empresas emergentes son muy optimistas y tolerantes al riesgo; las compañías de seguros y los equipos jurídicos son mucho más cautelosos y reacios al riesgo. Y los resultados de las votaciones me permite bromear con el público gentilmente, de manera que ellos también se divierten».

La interacción genera más interacción. Para el disfrute de todos los participantes.

Consejos para un orador

- Piensa en tu discurso como una puerta de entrada a intercambios apasionantes.
- Deja claro a tu audiencia que quieres una comunicación bidireccional.

10. Efectos secundarios: una influencia duradera

Ya está, la intervención ha finalizado. Abandonas el escenario o la parte delantera de la sala, con los aplausos resonando en tus oídos, y ya puedes lanzar un merecido suspiro de alivio. No obstante, aunque pienses lo contrario, el discurso aún no ha terminado. Quedan oportunidades para seguir dejando tu huella e influir en el público. Aún puedes convertir tu discurso en algo memorable a largo plazo. Algunas de las cuestiones clave que has tratado pueden tener una repercusión a la larga. Tu discurso puede llegar a convertirse en algo más grande con respecto a lo que era cuando lo hiciste.

Ya hemos hablado largo y tendido de que un discurso se compone de las historias que cuentas, y que esas historias contienen los mensajes que quieres transmitir. Dicho esto, cada persona tomará nota de cosas diferentes de tu discurso, según su personalidad, sus preferencias y sus necesidades profesionales o, por decirlo de otro modo, según lo que le resulte más comprensible y práctico. Cuando estés en el escenario, céntrate en ofrecer una experiencia agradable, habla a las personas que tienes delante con un lenguaje claro y en un estilo que no sea demasiado serio ni aburrido. Tienes que conectar con ellos en el presente, pero también has de pensar más allá de la experiencia inmediata.

Transmitir al público un mensaje claro

El paso siguiente, una vez acabada tu exposición, es conseguir que los asistentes se queden reflexionando sobre algún tema concreto que les haya podido influir directamente. El contenido en cuestión dependerá de la naturaleza del discurso, pero es fundamental que sea fácil de recordar. Deberá estar relacionado con lo expuesto en tu ponencia y provocar en el público el deseo de seguir aprendiendo y de hacerse preguntas.

No sientas la necesidad de contárselo todo a tu audiencia. En un gran discurso, siempre hay un elemento de provocación. Dejar al público con ganas de saber más contribuye a dejar un recuerdo duradero. Aunque un discurso siempre debe aportar contenido, también es importante que sugiera otras muchas facetas. Tu misión es despertar el interés, crear una mayor demanda de lo que les has ofrecido. El público ha de querer contactar contigo, ya sea de manera inmediata después del discurso o a través de otros canales en los días siguientes, para saber más.

El valor de un discurso y sus efectos en la audiencia pueden prolongarse en el tiempo, impulsado por personas concretas del público, más que a través del propio ponente. Conozco a muchos oradores que siguen recibiendo comentarios de personas del público mucho tiempo después de haber pronunciado su discurso, a veces años después del evento. A menudo, se trata de una parte concreta del discurso la que es recordada por un antiguo miembro del público porque le sigue resonando con insistencia. Se ha quedado con ganas de saber más y, con frecuencia, incluso después de que haya pasado bastante tiempo, sigue teniendo preguntas que quiere plantear al orador.

Continúa la conversación

En circunstancias adecuadas, debes tener claro que el discurso representa en gran medida el inicio de la conversación. Invita al público a participar y asegúrate de estar disponible en la pausa para el café y también después para intercambiar impresiones sobre cualquier tema que surja. Esto incluye ser receptivo a través de las redes sociales y otros canales de comunicación.

Una vez que hayas iniciado una conversación, estás casi en la obligación moral de mantenerla. No frustres ni rechaces a las personas de la audiencia que se esfuerzan por ponerse en contacto contigo ignorándolas, a menos que, a no ser que haya algo extraño o sospechoso en ese acercamiento. Responde de forma positiva y rápida. Puede que solo quieran profundizar en el tema que estés tratando, también es posible que tengan una propuesta interesante para ti o que se conviertan en contactos útiles para el futuro. El hecho de que se hayan tomado la molestia de ponerse en contacto contigo indica que tu intervención les ha impactado, y puede que hayan tenido muy buenas razones para no «acorralarte» el día del evento: tal vez tenían otro compromiso; puede que les dé vergüenza hablar contigo delante de otras personas, o quizá el tema o la oportunidad que quieren plantearte es delicado a nivel comercial y requiere de total discreción.

Hay muchas posibilidades de obtener beneficios mostrando flexibilidad y disposición para que la conversación continúe.

Compartir recursos

Hay un consejo práctico que puedes emplear para fomentar que una conversación continúe. Considera la posibilidad de indicar a la audiencia cualquier recurso y material de lectura que pueda mejorar sus conocimientos sobre el tema tratado en tu intervención. Cuanto más claro dejes que el discurso fue un inicio y no un final, más oportunidades tendrás de lograr una influencia duradera. Esto puede incluir compartir las diapositivas utilizadas durante el discurso, porque son una buena forma de refrescar las historias que has contado. Sin embargo, normalmente es mejor ser selectivo, si es posible, en lugar de enviar todo el contenido de la presentación. Algunos oradores prefieren otras alternativas a las diapositivas.

ESTUDIO DE UN CASO

Mandy Hickson: Postales del cambio

«Entrego tarjetas postales, que pueden colocarse en el escritorio o en el frigorífico, para que la gente recuerde las historias y reviva la experiencia», dice la oradora motivacional Mandy Hickson. «Creo que no es necesario ofrecer demasiado material».

Mandy luchó con ahínco para lograr su sueño de ser piloto de la Real Fuerza Aérea, y se convirtió en la segunda mujer que pilotó un avión de combate Tornado GR4 en primera línea, completando tres turnos de servicio y cuarenta y cinco misiones sobe Irak. Está muy orgullosa del impacto de sus discursos, tanto en el ámbito empresarial como los que da para adolescentes y padres respecto a las oportunidades de futuro.

«Muchos padres se han puesto en contacto conmigo para explicarme la influencia que he tenido sobre sus hijos», dice Mandy. «No se trata de animarlos para alistarse en la RAF, sino más bien de que encuentren algo que les apasione y que no tengan miedo de seguir sus sueños. Comparto con ellos la historia de una adolescente convertida en una piloto de gran talento. Parece que realmente es una historia que les llega, no solo a los adolescentes, sino también a los adultos, que se han puesto en contacto conmigo para decirme que, por haberme escuchado, han hecho algunos cambios importantes en sus vidas».

Dibujar un mapa visual de las ideas clave

En lo que respecta a la presentación, en los últimos años se ha puesto de moda que los organizadores contraten a un artista gráfico para que represente visualmente los aspectos clave de un evento, que luego pueden ser enviados por correo electrónico a los asistentes. Esto se suele llamar *ilustración en vivo* o *graphic recording*; el objetivo es trazar un mapa visual con las ideas clave de una conferencia y hacer de ello un resumen instantáneo.

Cuando desarrolles tu propio contenido, a veces te puede resultar útil visualizar cómo algunas de tus ideas pueden ser reflejadas con estas técnicas. Por otra parte, algunos oradores experimentados opinan que es mejor que los participantes dibujen o tomen sus propios apuntes.

Explora cómo medir el impacto

Desde el punto de vista del cliente u organizador, saber cómo medir o evaluar el impacto que ha causado un discurso es una cuestión compleja. No hace falta decir que es bastante fácil determinar si el discurso ha gustado o no, pero su eficacia —por ejemplo, para impulsar un cambio— es más difícil de averiguar. No obstante, existen métodos para evaluar los resultados. Es posible que después de un discurso se pueda hacer un seguimiento, un análisis y facilitar aún más su eficacia. Esto es algo maravilloso, y más aún si te permite profundizar en tu relación con el cliente.

ESTUDIO DE UN CASO

Nigel Barlow: Una extraña e imprevisible alquimia

«Como es natural, el cliente y los asistentes —el público— querrán saber de qué manera pueden evaluar el efecto de la charla», dice el conferenciante Nigel Barlow. «Hay que conseguir que lo hagan de forma práctica. A menudo animo a los grupos a que se reúnan unas semanas después de una charla y cuenten lo que les ha sido útil o lo que han puesto en práctica. Esta técnica contribuye a que otros compañeros se acuerden de los conocimientos que habían olvidado, y a comprobar cómo sus colegas han utilizado esa información de modo relevante y aplicable».

Sin embargo, no todos los resultados positivos son tan organizados. Muchas veces, los discursos influyen de forma imprevista, provocando respuestas inesperadas.

«A menudo funciona así: hay una extraña e impredecible alquimia entre las palabras de un orador y la reacción de un oyente», continua Nigel. «Lo que importa no es tanto el mensaje que crees que es vital, sino cómo se recibe y se actúa. Por eso, una vez me sorprendió escuchar que una empresa latinoamericana había construido toda una campaña publicitaria en torno a las palabras que yo utilizaba para describir el hecho de tener una mentalidad más abierta y "posibilista": piensa ¿por qué no...?, ¿y si...?».

«No hace mucho me emocioné al saber que a un delegado le había afectado el uso que hice de un psicométrico que describía su estilo de pensamiento de forma tan vívida que había cambiado de trabajo poco después. Es mucho más feliz, ¡y ahora también es un buen cliente!».

Las semillas de un discurso pueden dar unos frutos extraordinarios. Sin embargo, la mayor parte de los cambios que surjan deben estar en consonancia con tus objetivos. Y, una vez que te

has quitado el micrófono, no debes dejar pasar las oportunidades que surgen para transmitir tus mensajes básicos.

Mirar más allá de la línea de meta

Igual que preparaste con diligencia tu discurso —trabajando en
el contenido, contándolo y sintiéndote cómodo en el entorno—,
debes estar atento para maximizar su influencia cuando ya no
estés en el escenario. Puedes hacer muchas cosas para mejorar la experiencia del público, consolidar tu marca personal e
incorporar tus mensajes clave. Si me lo permites, voy a hacer
un paralelismo con la música en directo o las representaciones
teatrales: la banda ha tocado la última canción de su bis, el
elenco de la obra ha hecho su última reverencia. Abandonan
el escenario y se encienden las luces de la sala. Todo ha terminado, ¿verdad? No, no tiene por qué ser así. ¿Y si luego firman
autógrafos y charlan con sus fans a la salida? De este modo,
dan otra dimensión a su actuación y hacen que esa noche sea
aún más memorable.

Voy a compartir una historia que pone de manifiesto la
importancia de la fase posterior al discurso. Acompañé a un
orador a un evento y observé cómo pronunciaba su discurso.
Lo hizo bien, aunque ya había visto a este orador lograr mejores reacciones. Sin embargo, después se quedó y se mezcló con
el público. Al día siguiente, los comentarios de varios asistentes
elogiaban lo encantador que era aquel orador; solo cuando
pasaron un rato con él apreciaron de verdad el mensaje que
estaba transmitiendo. Para mí, esta es la perfecta demostración

de cómo un orador sigue siendo capaz de influir con su discurso después de haberlo pronunciado.

En resumen, nunca hay que equiparar el hecho de pronunciar las últimas palabras en el escenario con el de cruzar la línea de meta. Todavía quedan algunos metros por recorrer.

Crear vínculos comunes y reforzarlos

Agradezco que este capítulo se haya centrado en el impacto de un discurso empresarial. El otro tipo de discurso que hay que considerar es el más informal, en el que se buscan diferentes resultados. Por lo general, estos discursos se pronuncian para celebrar o conmemorar una ocasión o un momento. La sala puede estar llena de personas que se conocen muy bien, o no tan bien, y puede que algunas no se hayan visto desde hace mucho tiempo.

El discurso debe reunir a la gente en esa sala para fomentar el intercambio de historias y los recuerdos. No solo debe ser inclusivo para todos, sino que debe construirse y pronunciarse de tal manera que, cuando termine, te permita «trabajar en la sala» a partir de las anécdotas y las historias compartidas en el discurso para enlazar los diferentes elementos de la ocasión y crear una experiencia compartida. El hilo conductor de tus historias debe servir de punto de encuentro para el debate y fomentar el espíritu de colectividad. Si haces referencia a estas historias o las amplías mientras te diriges a la gente, puedes maximizar el efecto de tu discurso para crear o acrecentar los vínculos comunes entre los distintos asistentes al evento.

De este modo, reforzarás algunos de los puntos clave de tu discurso en la memoria de las personas a las que les interesa.

Consejos para un orador

- Un gran discurso, además de transmitir contenidos, debe insinuar algo más.
- Después: relaciónate, refuerza lo que se ha aprendido y haz un seguimiento.

11. De orador competente a orador profesional

Mi objetivo en este libro ha sido ofrecer orientaciones y consejos que conviertan el hecho de hablar en público en algo que todos podamos contemplar desde una perspectiva diferente: como una experiencia positiva y compartida, en lugar de una experiencia inquietante. Al descubrir cómo mantener el control, tanto del contenido como del entorno, podrás considerar que la oratoria es una actividad mucho más relajada y conversacional de como podrías haberla percibido al principio. A medida que adquieras experiencia como orador, querrás perfeccionar tus habilidades: pasar de novato a orador profesional.

Evidentemente, esto supone dar un paso más allá de tener que pronunciar ocasionalmente un discurso *ad hoc* cuando las circunstancias personales o profesionales lo exigen. Me refiero a ese grupo de personas a las que, de una manera u otra, se les paga por hablar, ya sea por parte de sus clientes o por parte de su empleador por su condición de portavoz o experto representante de una empresa o institución. A menudo, la gente se encuentra realizando uno de esos papeles, o ambos, por casualidad. Sospecho que pocos de nosotros nos fijamos como objetivo convertirnos en oradores profesionales.

¿Por qué convertirse en un orador profesional?

En los últimos veinte años hemos sido testigos de cómo iba aumentando el fenómeno de las estrellas populares de la oratoria a través de YouTube, TED y otras plataformas. Su enorme repercusión en internet ha dado lugar a muchos imitadores y competidores. Ha elevado el perfil y amplificado la voz de los líderes de opinión y los narradores, extendiendo el alcance de la oratoria. Hoy en día, ver a alguien pronunciar un discurso es algo que ya no está limitado a determinados ámbitos sociales. Las ideas, y las personas que las transmiten, tienen un impacto cada vez mayor y llegan a un público cada vez más amplio. Nos ayudan a formular las preguntas correctas y a formar nuestras propias opiniones en un mundo en el que la claridad de pensamiento es la más auténtica de las manifestaciones artísticas.

Tanto si decides convertirse en un orador profesional como si no, este capítulo te dará una idea de lo que se necesita para pasar de ser un orador competente a un profesional impecable.

El arte de hablar de manera profesional

Al trabajar en el sector de la oratoria he tenido el privilegio de ver a muchos oradores destacados en acción. Si bien a todos nos ha tocado empezar en algún punto, han sido muchas las personas que han recorrido con éxito el camino que lleva de ser un orador competente a convertirse en un exponente profesional de este arte. Con práctica, aplomo y formación.

Aplicar la «regla de tres»

Uno de los mejores oradores de los últimos años ha sido el expresidente de Estados Unidos, Barack Obama, cuyos mandatos estuvieron marcados por numerosos discursos impactantes y magistrales. Obama utilizó con frecuencia la «regla de tres», un principio sencillo pero poderoso, según el cual la presentación de ideas en grupos de tres ayuda a grabarlas en la memoria de los oyentes: suficiente cantidad de información para que resulte convincente, pero no demasiada para poder procesarla y retenerla. Veamos un par de ejemplos en los que Obama aplicó esta regla:

> No tienes que dejar que tus fracasos te definan. Tienes que dejar que tus fracasos te enseñen. Tienes que dejar que te muestren qué debes cambiar la próxima vez.

> El cambio no vendrá si esperamos a otra persona o a otro tiempo. Nosotros mismos somos a quienes estábamos esperando. Nosotros somos el cambio que buscamos.

Como humanos, respondemos a los patrones de la «regla de tres». Obama la utilizó de forma inteligente en muchas ocasiones para estimular el compromiso del público con sus palabras y ayudar a que sus mensajes clave llegaran a buen puerto. Aplicarla con el acostumbrado aplomo en la redacción y en la ejecución de sus discursos es uno de los factores que han llevado al ex presidente a un nivel superior.

Adapta tu discurso a tu público

Para ser un orador de primera, también hay que ser flexible y tener capacidad de improvisación. En última instancia, se trata de confiar en tu capacidad de adaptación y ejecución. Esto también incluye desarrollar tu aptitud para saber cómo interpretar a tu audiencia.

ESTUDIO DE UN CASO

Jonathan MacDonald: Sintoniza con el ambiente

Jonathan MacDonald, un conferenciante de gran prestigio que ha creado y ejecutado estrategias comerciales y digitales para empresas de todo el mundo, se adapta al ambiente de la sala mientras habla y trata de captar a las personas que parecen más comprometidas, dirigiéndose a esa parte del público más que a otras.

«Si hay un conjunto de críticos —personas que están mirando el teléfono todo el tiempo—, tal vez incluya un ejercicio interactivo de dos minutos consistente en hablar con el vecino sobre lo más emocionante en lo que cada uno está trabajando», dice Jonathan. «De este modo, puedo percibir en tiempo real el estado de ánimo del público y adaptarme a sus necesidades. Y eso lo hago, sobre todo, observando sus expresiones faciales, viendo si están distraídos, si arrastran los pies, si miran su móvil, si dirigen la vista hacia las salidas… Las personas que miran el reloj, ya sea en su muñeca o en el teléfono, suelen estar pensando en lo que va a ocurrir después en lugar de en lo que está ocurriendo ahora, y tenemos el compromiso de hacerles partícipes».

Practicar mucho y «de verdad»

No cabe duda de que, cuanto más se habla en público, mejor se hace. Una de las afirmaciones más frecuentes que escucho a los oradores profesionales es que la única práctica «auténtica» que realizan es cuando están sobre el escenario actuando de verdad. Es entonces cuando pueden perfeccionar su arte y mejorar su nivel de calidad como oradores. Con esto, por supuesto, no estoy contradiciendo lo que he dicho varias veces en este libro y sugiriendo que la práctica es inútil. En absoluto. La práctica es esencial. Pero para convertirse en un profesional excepcional no hay nada más eficaz que ponerse siempre que sea posible delante del público. No cabe duda que haberlo hecho una y otra vez, sabiéndote capaz de reaccionar ante cualquier imprevisto, aumenta la confianza en uno mismo.

Considera los comentarios a tu discurso —además de las preguntas planteadas por el público al debatir sobre su contenido— como una forma de desarrollo profesional continuo (CPD). Piensa en ello como si fuera una espiral de aprendizaje. Cada giro de esa espiral ayuda a perfeccionar el contenido y a mantenerlo actualizado. Cuantos más comentarios e interacciones, más se aprende… y más se mejora. Dice un refrán que «la práctica hace al maestro», pero no es este el caso. En el ámbito de la oratoria profesional, la práctica permite mejorar y lo que lleva a la maestría es hablar con regularidad ante el público. El secreto para dominar la oratoria es aprovechar todas las oportunidades que se te presenten para exponer tu mensaje ante el público.

Rory Sutherland: Volviendo al escenario

¿Qué ocurre si eres un orador magistral y experimentado pero durante un tiempo dejas de dar discursos? Una de las ideas más interesantes que surgieron cuando entrevisté a destacados oradores para este libro fue la del gurú de la publicidad Rory Sutherland. Reveló que, si se toma un descanso y no habla en público durante, digamos, diez semanas o más, la primera vez que vuelve a hacerlo después de la pausa se siente «extrañamente nervioso».

Otros conferenciantes con los que Rory ha hablado de esto dicen sentirse igual, hasta el punto de que se ponen tan nerviosos como cuando empezaban a trabajar.

Cíñete a los principios básicos

Es importante que te mantengas fiel a los principios básicos esbozados y ejemplificados a lo largo de este libro. Siempre debes salir al escenario sabiendo que el público está de tu lado, que están deseando divertirse y emocionarse con tus historias.

Quieren que tu discurso sea memorable por razones obvias. Teniendo esto en cuenta, y siendo fiel a tu personalidad, puedes darte la oportunidad de sentirte cómodo. De hecho, puedes sentirte tan cómodo que la presentación del discurso te resulte tan fácil como hablar con tus amigos mientras estáis tomando un café.

Aprende de los expertos

En el apéndice «Consejos de los principales oradores» hay una serie de consejos de grandes oradores que han convertido la oratoria en su medio de vida. Sus palabras te ayudarán a conocer cómo lograron pasar de ser oradores competentes a profesionales de la oratoria. Y cómo puedes hacerlo tú también.

Consejos para un orador

- Perfecciona la expresión oral aprendiendo del feedback y la interacción con la audiencia.
- Aprovecha todas las oportunidades que se te presenten para hablar en público.

12. Hablar en un mundo digital

Los rápidos avances tecnológicos han dado lugar a una nueva dimensión de la comunicación oral. Las videoconferencias y las reuniones en línea están disponibles desde hace muchos años, y su aceptación ha ido creciendo a medida que los costes de la tecnología y la conectividad se han reducido y la velocidad y la fiabilidad del ancho de banda han mejorado de manera exponencial. Es posible que hayas utilizado alguna vez Skype, Webex, Zoom, Google Hangouts o alguna de las múltiples plataformas alternativas.

Uno de los principales factores que explican la creciente prevalencia de las videoconferencias en la vida empresarial es la expansión del teletrabajo como uno de los esfuerzos que muchos empleadores están haciendo por el bienestar de sus empleados, para lograr un mejor equilibrio entre la vida laboral y la personal. Otro factor es la globalización, ya que las videoconferencias ponen en contacto a personas que se encuentran en distintas oficinas y, a menudo, en distintas zonas horarias.

Con el repentino y terrible estallido de la pandemia del coronavirus del 2020, el crecimiento de las reuniones virtuales se transformó casi de la noche a la mañana en una explosión. El distanciamiento social hizo necesario un cambio fundamental en las pautas laborales. Trabajar desde casa ya no era algo excepcional, para muchos de nosotros se convirtió en lo habitual.

Las conferencias y los discursos virtuales están todavía en su fase inicial. Sin embargo, por muchas razones, seguro que cada vez serán más frecuentes, tanto en el área de los negocios como para tratar cuestiones personales. Tienes grandes oportunidades para perfeccionar tus habilidades en este ámbito.

Adaptación a una nueva dinámica

El auge del teletrabajo significa que ahora, con mayor frecuencia, un orador sentado delante de su escritorio pronuncia un discurso mirando a una pantalla. Esto, por supuesto, cambia toda la dinámica y la energía de la sala. Cambia la interacción y la relación entre el público y el orador, y también la capacidad del orador para responder y adaptarse a las reacciones del público.

Dicho esto, el hecho de que un discurso sea «en vivo» o virtual no altera los fundamentos del éxito de la oratoria expuestos en los capítulos anteriores. Pero hay algunas diferencias en la forma de actuar y prepararse para conseguir el mismo buen resultado en tus intervenciones por videoconferencia.

No voy a intentar adaptar todos los consejos que aparecen en estas páginas, pues tendría que escribir otro libro; de todos modos, sí que voy a aportar algunos consejos útiles para ayudarte a que te sientas más cómodo en este nuevo entorno.

Cuidar el entorno

En casa, nos sentamos ante la mesa del comedor —o, si tenemos suerte, ante nuestro escritorio en una oficina o despacho independiente— y trabajamos tan felices. Cuando se trata de hablar con otras personas por videoconferencia, lo más probable es que tus ojos se desvíen mientras miras la pantalla. Dada la configuración fija de la cámara de un ordenador portátil, no existe la opción real de desplazarse de un lado a otro y generar energía a través de tus movimientos —aunque estaría encantado de que me corrigieras si puedes encontrar una manera de hacerlo—. Los asistentes que observan y escuchan se darán cuenta de lo que hay a tu alrededor. Por ello, asegúrate de que el espacio se adecúe a los mensajes y contenidos que estás transmitiendo. Debes tener cuidado con el fondo y el encuadre de la pantalla, ya sean fotos, libros… adecúalo de manera estratégica. Algunos sistemas de videoconferencia, como Zoom, permiten personalizar el fondo virtual. La vestimenta también adquiere mayor importancia porque se te ve de cerca y, como he dicho antes, para los asistentes tu entorno será su referencia para apoyar o restar importancia al contenido que estás compartiendo con ellos.

Debes pensar si quieres que te vean sentado detrás de un escritorio o en una silla de oficina alejada del escritorio, lo que permitirá un mayor campo de visión del lenguaje corporal. O tal vez prefieras un mobiliario más informal, como un sofá. Cada entorno causará una impresión diferente.

Familiarízate con la tecnología

Para sacar el máximo provecho de las intervenciones en una plataforma virtual, tienes que familiarizarte con la tecnología que vas a utilizar. Tienes que preocuparte por conocer la plataforma en la que se celebrará la reunión; lo ideal sería que hicieras algunas pruebas con compañeros o amigos. Esto es todavía más importante si vas a utilizar diapositivas, compartir pantallas o interactuar mediante preguntas verbales o escritas. Si es la primera vez que intervienes con este tipo de tecnología, el que hayas practicado antes y te hayas familiarizado con ello mejorará tu discurso y te ayudará a mantener a raya la ansiedad.

Crea tu propia energía

Sin una audiencia presencial, la energía que se genera en una de estas sesiones es totalmente diferente a la de una conferencia física o en una sala de reuniones. Aun así, la energía de un orador es decisiva para que la exposición de un discurso tenga éxito.

Al pronunciar un discurso ante una cámara como parte de una reunión virtual, la energía que puedas transmitir se puede ver limitada por las condiciones en las que has de exponer, del todo diferentes a cuando estás en el escenario frente a filas de personas. En el escenario, todo tu cuerpo y el movimiento generado por tus acciones —ya sea con movimientos de manos o caminando— ayudan a generar energía. La energía también la provocan las personas que se encuentran en la sala, su presencia física y su actividad, y el «bullicio» que hay alrededor.

En el entorno virtual, esa energía se pierde. Para empezar, el público es mucho más pasivo que el más pétreo de los espectadores que puedas tener en directo. Además, como puede que estés sentado en una silla, ya no podrás transmitir tu energía mediante movimientos de todo el cuerpo.

La naturaleza de los primeros planos de la conversación en vídeo hace que los movimientos de las manos y la gesticulación destaquen más. Teniendo esto en cuenta, has de controlar los movimientos de las manos y tus expresiones faciales. Aparte de eso, has de ser muy consciente de que el lenguaje corporal se corresponda con las palabras que estés emitiendo y con los sentimientos que transmites. No tires al traste todo el trabajo de preparación anterior con un gesto de la mano inadecuado, una postura incómoda o una mueca absurda.

Céntrate en el crecimiento gradual

No hay duda de que es todo un reto generar un ambiente propicio ante una pantalla instalada en una sala, normalmente sin compañía. La preparación para hablar a través del vídeo es diferente. Para empezar, no sentirás automáticamente ese nudo en el estómago característico de la espera previa a salir al escenario delante de un grupo de personas. No obstante y como sabemos, la oleada de adrenalina que se produce cuando te preparas para hablar en un entorno real desempeña un papel esencial a la hora de generar energía para tu discurso. Al intervenir a través de una plataforma virtual, cuando es probable que estés sentado, necesitas prepararte concentrándote en tus niveles de energía antes de empezar a hablar. Lo que se busca es aportar un poco de adrenalina al proceso, para que te permita mostrarte animado y convincente al hablar, en lugar de apático y aburrido. Puede parecer paradójico, pero la necesidad de movilizar algo de adrenalina puede hacer que el orador se sienta más cansado y agotado que cuando habla ante una sala llena de gente.

Domina la temática

En las presentaciones a través de videoconferencia, el contenido es esencial. Es muy importante que seas el dueño de las palabras y las opiniones que compartes. Leer en un papel palabras que no son tuyas —incluso recitarlas de memoria— o argumentar puntos que no te crees al cien por cien… no funcionará. No puedes esconderte cuando la cámara está enfocándote a la cara. Estarás sometido a un exhaustivo escrutinio de tu audiencia. Se darán cuenta fácilmente de cualquier cosa que no les parezca auténtica o que esté en desacuerdo con tu marca personal y con tu comportamiento habitual.

Aumenta tu confianza con la práctica

Otra diferencia clave es que tienes la ventaja de poder practicar. Cuando estás en una sala ante el público, por mucho que practiques, las circunstancias siempre pueden cambiar. A menudo, para mejor. Reaccionar a los cambios y adaptar tu discurso en la sala puede desempeñar un papel de gran importancia para tu éxito; sin embargo, en el caso de una conferencia virtual, puedes practicar en un espacio que reproduce al cien por cien el entorno en el que vas a pronunciar el discurso. Por lo tanto, el haber ensayado antes es todavía más importante para que un discurso tenga éxito y para adquirir seguridad cuando lo pronuncies.

Prepárate para el éxito

Los fundamentos para dar un discurso con seguridad siempre son los mismos, sea cual sea la situación o el público. Para obtener los mejores resultados, hay que controlar todo el proceso, no solo el tiempo que dediques a decir las palabras ante el público. Eso significa que la mayor parte del trabajo está relacionada con la preparación y la práctica. No hay nada que lo sustituya, por muy buen orador que seas, porque cuanto menos te prepares menos probabilidades tendrás de conectar con el público y de que tus mensajes clave den en el centro de la diana. Es sencillo: más preparación equivale a más impacto.

Consejos para un orador

- Asegúrate de que el espacio es acorde con el contenido de tu discurso.
- Familiarízate con la tecnología, haciendo pruebas si es necesario.

Posdata

Esto ha sido todo por mi parte. Ha sido un placer escribir este libro, y espero que te haya resultado muy útil.

Por encima de todo, quiero que tengas confianza en ti mismo. Puedes hacerlo, y hacerlo bien.

Quizá algún día esté entre el público viéndote hablar. Si es así, es posible que me dejes boquiabierto con tus conocimientos, tu pasión y tu claridad. En cualquier caso, tanto si estoy allí como si no, te deseo que hables con seguridad.

Agradecimientos

En primer lugar, me gustaría dar las gracias a mis socios en el mundo de la palabra. A mi hermano Tim, que ha estado a mi lado en todo momento, en Speakers Corner y en cualquier circunstancia, y que ha sido mi fuente de energía y diversión en los altibajos de nuestras experiencias en el sector de la oratoria. A Michael, que se unió a Tim y a mí en nuestras aventuras con Speaking Office, gracias por formar parte de esta aventura.

También quiero dar las gracias a todo el equipo de Speakers Corner y Speaking Office, tanto a los miembros actuales como a los que estuvieron antes, porque han hecho de estas empresas lo que son hoy y me han ayudado a convertirme en la persona que soy. También doy un agradecimiento a todos los oradores y miembros del sector de la oratoria que he conocido, porque de ellos he aprendido a lo largo de mis años en el sector.

Gracias por la ayuda prestada para la elaboración de este libro a todos los oradores que se mostraron dispuestos a ser entrevistados y a compartir su experiencia en todo lo relacionado con la oratoria. Aprecio mucho su tiempo y esfuerzo. Gracias también a Rob Gray y a mi asistente, Poonam Douglas, que han sido fundamentales para la realización del libro. Estoy absolutamente agradecido por todos sus esfuerzos.

Para terminar, desde una perspectiva personal, no existen suficientes palabras para Nicky, Cally y Lola, que aportan alegría y felicidad a cada parte de mi ser. Las aventuras y experiencias que vivimos juntos son la razón por la que me despierto cada día con una sonrisa en la cara.

Apéndice: Consejos de los principales oradores

Para escribir este libro, ha sido un placer entrevistar a algunos de los mejores oradores con los que he tenido el honor de trabajar, y también intercalar sus reflexiones en los diferentes capítulos.

A continuación, incluyo una recopilación de sus reflexiones sobre el arte de hablar con seguridad.. Aprovecha sus comentarios.

Jon Culshaw (impresionante imitador muy versátil y con un repertorio de más de 350 voces)

«Hay que conocer al público. Siempre me gusta llegar con el tiempo suficiente para poder hacerme una idea del ambiente, del estado de ánimo, de quién ha asistido, de qué habla la gente. Siempre me apunto a la cena en este tipo de eventos, para absorberlo todo, para que al salir al escenario no me encuentre con un desconocido. Así aprendes ciertas cosas y te sientes parte del grupo, y siempre he preferido hacerlo así, para sumergirme de verdad y entrar en él. Eso es algo que hace que me sienta más cómodo».

Cath Bishop (remera olímpica, respetada diplomática y polifacética oradora)

«En mi mente, yo decido cuándo voy a "enchufarme" para hablar. Así que, si llego pronto y puedo escuchar a alguien antes de mi intervención, me quedo en modo relajado, tranquilo, leyendo, tomando notas, conectando lo que estoy escuchando con lo que voy a decir. Entonces me pongo en marcha de forma automática —¡el ritmo cardíaco y la adrenalina lo hacen todo por mí!— cuando faltan unos quince minutos para que me den el turno de palabra, o cuando vienen a ponerme el micrófono».

Ade Adepitan (presentador de televisión y jugador olímpico de baloncesto en silla de ruedas)

«No hay rituales, solo me aseguro de estar preparado. Puede que haga un repaso rápido del discurso en mi cabeza unos diez minutos antes, que vaya al baño y luego suba al escenario».

Benjamin Zander (director de orquesta de fama mundial y admirado conferenciante sobre liderazgo)

«La razón por la que nunca me pongo nervioso antes de actuar es porque estoy deseando compartir lo que he descubierto para motivar e inspirar a la gente a la que me dirijo. Así que lo que ocurre cuando me pongo delante del público es que asumo que no depende de mí, sino de ellos. Y busco su respuesta y el brillo de sus ojos, su emoción y su transformación».

Colin Maclachlan (presentador de programas de televisión sobre el SAS y una de las pocas personas que han participado en negociaciones y rescates de rehenes y que han sido ellos mismos rehenes)

«Si hablas desde el punto de vista de ser un experto en algo, hazte humano y vulnerable y, en algunos casos, ordinario. Esto quizá parezca extraño, pero como comandante de las Fuerzas Especiales que he dirigido algunas misiones de alto nivel, puedo ver que el mensaje llega mucho mejor cuando cuento historias de miedo y de lucha, en lugar de hacerlo desde la actitud chulesca de "yo era el soldado de élite y nadie tenía ninguna posibilidad contra mí". "Cómo" transmites tu mensaje clave es, en muchos aspectos, más importante que el "qué" dice tu mensaje clave».

Farrah Storr (redactora jefe de Elle UK, autora y conferenciante experta en temas femeninos, liderazgo y diversidad y creatividad en el lugar de trabajo)

«No me limito a soltar "mi charla". Me hago una idea clara de qué está sintiendo el público que tengo delante. De cuáles son sus retos».

Caspar Berry (orador destacado y motivador único que se basa en su carrera como jugador profesional de póquer y hombre de negocios de éxito)

«Recuerdo un discurso que me contaron hace veintisiete años de Nik Powell, el productor de cine que se encargó de la producción ejecutiva de mi primera película para el Canal 4; era un orador brillante y un hombre muy carismático. Hizo esto: contó cinco historias, y al final de cada historia dijo: "Y supongo que lo que aprendí de eso fue…". Literalmente, esa estructura de cinco cosas es la que he aprendido en mis treinta años en la industria del cine. Y fue brillante. Una de las historias era muy simple: "Virgin podría haber quebrado [Powell cofundó Virgin Records con Richard Branson]. En un momento dado no teníamos nada de dinero y recuerdo que estaba en la entrada del banco con mi mejor traje, y Richard Branson apareció con unos vaqueros agujereados, antes de que eso estuviera de moda, y con un viejo jersey. Y yo le dije: '¿Qué llevas puesto?', y él me dijo: 'No, ¿qué llevas puesto tú?', y añadió: 'Pareces un heroinómano en el juzgado, parece que necesitas el dinero. Nunca te lo darán. Sin embargo, no parece que yo lo necesite, así que me lo darán'. Y supongo que lo que aprendí de eso fue…". Es solo una anécdota, ¿verdad? Un hombre que necesita dinero. Virgin está a punto de desaparecer, por lo que contamos con ciertas y consistentes desventajas, y sin embargo, él aprendió una lección de un tipo que toma una posición de inversión contraria al sentido común. Él, literalmente, solo presentó esas cinco historias, que apenas durarían unos seis o siete minutos cada una. Si tuviera una pizarra en blanco y fuera a dar un discurso, tan solo haría eso».

Gemma Milne (galardonada escritora y *podcaster* de ciencia y tecnología)
«El público quiere disfrutar de tu charla, quiere aprender algo de ti y quiere que no estés nervioso. Están de tu lado, no son un montón de leones que se abalanzarán sobre ti. Son un montón de gatitos que te miran en plan "¿qué vas a contarnos?". Son tus amigos, recuérdalo, y trátalos como tal. Encuentra a tus amigos en el público, encuentra a la gente que asiente con la cabeza y céntrate en ellos, salta entre ellos. Las personas que asienten suelen ser los propios oradores. Asiento con la cabeza en las charlas de la gente porque sé que eso les da confianza. No es algo deliberado, es algo automático. Además, si lo haces, le prestas atención a la gente. Si estás entre el público y asientes con la cabeza, por lo general, el orador se dirigirá a ti después. Es una buena manera de llamar su atención. En cualquier caso, encuentra a tus *asentidores* y te apoyarán».

Javier Bajer (psicólogo cognitivo que ha sido clave en algunas de las mayores fusiones del mundo, al priorizar a las personas ante la tecnología)
«Por supuesto, como conferenciante quiero que se acuerden de mí, porque me llamarán y me adularán durante un tiempo, así que hay un

lado humano que dirá *yo, yo, yo*: ve a mi página web y compra mi libro. En realidad, cuando no estoy necesitado —que es, con suerte, la mayor parte del tiempo—, lo más importante es conseguir producir un cambio relevante en sus vidas».

Jonathan MacDonald (experto en innovación disruptiva, cambio de modelos de negocio y tendencias futuras)

«Después de la reunión informativa, continúo rastreando cualquier mención de la marca, cualquier nuevo lanzamiento o cualquier movimiento de la marca: ejecutivos que se van, que se unen, lo que sea. Sigo rastreando hasta el día del evento, y para ello utilizo las alertas de Google. Son gratuitas y se pueden crear y eliminar durante el tiempo que las necesites, así que no es un problema. Y siempre pregunto si puedo llegar antes para hacerme una idea de cómo será el evento, y esto a los clientes les encanta».

Kenneth Clarke (exministro de Hacienda y de Interior)

«Me parece que actúo mejor cuando no tengo un guion minucioso. Y rara vez tengo notas. Si voy a tratar un tema serio, puedo tener pequeños epígrafes porque, si no tengo cuidado, si lo hago de forma espontánea, puedo omitir algo por completo. Así que como mucho son pequeñas cuestiones; lo que voy a hacer a continuación…».

Lee Warren (mago profesional y lector de mentes que comparte los secretos para ser un comunicador excepcional en el mundo de los negocios)

«Uno de mis temas es la psicología de la persuasión, para ayudar a la gente a ser más convincente y atractiva. Así que para mí es emocionante que un miembro del público levante la mano y diga: "Mientras usted hablaba, yo he estado pensando que tengo que hacer un gran lanzamiento mañana y ¿qué piensa usted de…?", y me cuentan en pocas palabras su situación. Se trata de una colaboración genuina en la que ese miembro del público va a salir mejor de esa sesión que cuando entró. Y yo voy a salir sintiéndome mejor que si no me hubiera hecho esa pregunta».

Mark Jeffries (consultor de comunicación para algunas de las mayores empresas del mundo)

«Se puede lograr un gran éxito con una ponencia o un discurso y luego dejar el escenario, irse y haber logrado un impacto maravilloso y duradero con ese grupo. Aunque, si participas en la sesión de preguntas y respuestas, y las haces más interactivas, se crea un vínculo todavía más fuerte entre tú y ellos. Te recordarán con más cariño porque han podido participar y, sobre todo, ser escuchados».

Miles Hilton-Barber (aventurero que, entre sus muchas hazañas épicas, se convirtió en el primer piloto ciego que realizó un vuelo en ultraligero de 55 días y 21.000 kilómetros de Londres a Sídney)

«Verás, si dejo al público pensando en lo increíble que he sido, y en la basura que han sido ellos, he fracasado del todo, pero si puedo dejarlos pensando: "Vaya, qué tipo tan normalito, con altibajos como yo, creo que yo podría haberlo hecho más…". No quiero ser yo el que está en el pedestal, quiero que sean ellos los que se suban al pedestal, mirando alrededor, pensando que yo podría haber hecho mucho más. Hay un bonito proverbio judío: "El fuego pone a prueba al oro y la plata; las alabanzas, al hombre". En esencia, si quieres saber lo que hay dentro de un hombre, solo tienes que alabarlo y adularlo y verás si lo que piensa es: "Bueno, eso es por supuesto lo que merezco". El orgullo viene antes de la caída. Estás en una pendiente resbaladiza tan pronto como empiezas a creer que eres un tipo grande y que todo el mundo te debe la vida, o... el oído».

Nick Jankel (ha pasado veinticinco años descifrando el código del cambio radical y cómo utilizar la ciencia, la sabiduría y las herramientas empresariales para hackear los corazones, las mentes y la cultura)

«Hay que plantearse la historia al revés; es decir, cuál tendría que ser el cambio de comportamiento, cuál debería ser el cambio de mentalidad. Y ahora, dado que tengo tres, cinco o diez minutos o media hora, ¿cuáles son las cosas esenciales que la gente necesita oír para ir de A a B? Hay que darse cuenta de que las personas no son máquinas cognitivas a las que les basta con escuchar un mensaje para cambiar. Tienen emociones, y por lo tanto parte de tu historia tiene que cambiarlos en el plano emocional para que puedan, al menos, escuchar tu mensaje. Porque, si se resisten o no están interesados, o están cansados, o estresados, o piensan que no eres una gran persona, entonces ni siquiera van a escuchar tu mensaje. Están bloqueados. Por lo tanto, tu historia tiene que provocar un cambio emocional, no solo tratar de dar un mensaje cognitivo, para conseguir que la gente pueda obtener algún provecho».

Nigel Risner (orador motivacional y especialista en desarrollo humano, conocido por su «teoría de los animales»)

«Me paso todo el tiempo mirando la reacción del público para ver quién sigue lo que digo, si la energía es la adecuada o si tengo que cambiar. En las últimas ocasiones lo he hecho unas cuantas veces: he tenido que aumentar la energía porque estábamos en la sesión de después de comer y veía esa mirada adormilada y esa mirada vidriosa».

Dr. Patrick Dixon (a menudo descrito en los medios de comunicación como «el principal futurista de Europa», ha sido clasificado como uno de los veinte pensadores empresariales más influyentes de la actualidad)

«Limítate a las cosas que te apasionan. Si utilizas PowerPoint, elimina todas las diapositivas por las que no morirías. Porque, si no te importa, ¿por qué, por el amor de Dios, castigar con ello a la audiencia? Si no te importa a ti, ¿por qué debería importarles a los demás? Tan solo quítalo, deséchalo. Limítate a las cosas que te apasionan. Deja que tu pasión brille, y te escucharemos con total dedicación hasta la última palabra, y oirás caer un alfiler».

Rory Sutherland (ha tenido una ilustre carrera en publicidad, *marketing* y *branding*)

«De vez en cuando me voy por las ramas, a veces hago cosas sin sentido y ni siquiera estoy seguro de hacia dónde voy. La razón por la que lo hago es porque la sensación de que puede pasar cualquier cosa mantiene la atención. Si alguien hace una presentación, sobre todo si es de un equipo, en la que está claro que el equipo lo ha investigado todo por sí mismo, o entre varios, una y otra vez y por adelantado, da la sensación de ser una rutina más. Es como una ceremonia religiosa en la que solo se ensaya un credo, en lugar de decir algo nuevo. Creo que si te sientes cómodo con tu material, puedes probar algo diferente. Y creo que hacerlo de vez en cuando sugiere que sabes de qué estás hablando».

Lord Coe (prolífico plusmarquista mundial, uno de los mejores corredores del Reino Unido, presidente de Londres 2012, presidente de la IAAF y orador destacado)

«Dedica tiempo a intentar comprender al grupo o a la empresa a la que te diriges. No hay nada peor que estar ante un público y ser consciente de que el mismo discurso lo has dado hace cinco horas ante otra organización. Intenta comprender de verdad quiénes son, cuáles son sus ambiciones y cuál era el entorno en el que se creó esa empresa. Si fue hace treinta años, familiarízate y comprende lo que ocurría en el mundo entonces. Si fue en 1968/69, por ejemplo, sabes que hubo alunizajes, disturbios en París, sabes que había un Gobierno laborista que se dirigía a Ted Heath, conoces la guerra de Vietnam, conoces Selma, sabes lo que ocurría en los campus universitarios estadounidenses. Has de ser capaz de contextualizar. A menudo nos piden que vayamos a hablar con una organización que celebra su cuadragésimo, quincuagésimo o vigésimo quinto aniversario, pues averigua qué pasaba ese año, demuestra que te has esforzado por personalizarlo, en lugar de limitarte a pensar: "Puedo hacer esto mientras duermo y lo único que tengo que hacer es que suene fresco". Eso no servirá».

Will Butler-Adams (jefe de Brompton Bicycle y Brompton Bike Hire)
«Mi intención, en el primer minuto, es la de estar tranquilo y reducir la velocidad. Tiendo a empezar una charla a cien kilómetros por hora. Muy firme y fuerte. Y, en realidad, he descubierto que cuando subo al escenario empiezo más calmado y voy acelerando. Porque esperan que salte al escenario y haga "¡TA, TA, TA!". Así que cuando subo al escenario y digo: "Hola, me llamo..." y empiezo despacio, consigo que me escuchen. Como no estás siendo muy ruidoso, y no estás encima de ellos, te escuchan. Y luego aumentas la intensidad, y luego tienes un *crescendo*, y luego vuelves a bajar, y luego arriba de nuevo. Sin embargo, empezar desde arriba del todo, en realidad, creo que es todo lo contrario [de lo que deberías hacer]».

Tanni Grey-Thompson (la atleta paralímpica británica de mayor éxito en las carreras en silla de ruedas, galardonada con el prestigioso honor de un DBE [Orden del Imperio Británico] por sus servicios al deporte en 2005)

«En un evento en el que hablé hace tiempo me dijeron: "Todo el mundo estará muy borracho, es una gran celebración y es un público muy cálido". Yo iba a presentar unos premios y me dijeron: "Lo principal es que tienes que decirles que se callen todo el tiempo", y yo dije: "¿En serio? Eso es un poco mandón y grosero". Así que les decía, "¡Shhh!". No era desagradable, porque era un ambiente muy cálido y todo el mundo se lo estaba pasando muy bien. Hay que escuchar lo que dice la gente, porque creo que, si el cliente no me hubiera preparado [diciendo]: "Esta es una velada extraordinaria para todos. Todo el mundo está de enhorabuena incluso sin haber ganado un premio", habría sido un poco desalentador.

»Así que, para mí, [vale la pena] solo preguntar: "¿Qué te gustaría que ocurriera que no haya ocurrido en el pasado? ¿Qué es lo que no ha funcionado?". No tienen que dar detalles concretos. Cosas como: ¿cuál es la media de edad del público? Para asegurar que, si se utiliza alguna referencia cultural, se conecta con el público. Es hacer preguntas bastante sencillas, por ejemplo, si te diriges a un público internacional, no tiene sentido utilizar solo referencias británicas».

Jez Rose (mago, comediante y conferenciante que ha entretenido al público en más de veintitrés países; también se le conoce a veces como «El Insólito»)

«Cuando creé una marca en torno a mi trabajo como conferenciante, me tomé mucho tiempo para considerar lo que debía ser, lo que no debía ser y lo que mis clientes necesitaban que fuera. Recuerdo que fue una tarea bastante difícil. El primer intento de una marca seria que tuve fue The Behaviour Expert (experto en comportamiento), en respuesta al apodo coloquial que me dieron mis clientes, debido a mi trabajo de consultoría y formación con ellos como asesor de Conocimiento del Comportamiento. No hace mucho, he cambiado de marca, utilizando mi nombre, Jez Rose, y perdiendo The Behaviour Expert. Dicen cosas muy distintas y representan períodos diferentes de mi vida. La marca actual, en la que solo utilizo mi nombre, encaja mucho mejor con mi trabajo de difusión en radio y televisión, ya que esa es mi identidad, pero también me permite posicionar temas y contenidos que son más genuinos y sinceros con mi propio pensamiento y mis creencias actuales».

Maggie Alphonsi (la cara del rugby femenino internacional y puede que uno de los nombres más conocidos de los deportes de equipo femeninos)

«Con el tiempo, he desarrollado mis charlas para que sean más prácticas y me comprometo más con el público. Antes me limitaba a hablar al público, pero ahora busco conocer sus ideas y las utilizo para crear debates».

Mandy Hickson (expiloto de la Royal Air Force y la segunda mujer que pilotó el Tornado GR4 de forma operativa, completando cuarenta y cinco misiones sobre Irak)

«Ningún orador puede tener todas las respuestas, pero sí puede compartir sus historias. Uno de los aspectos más frustrantes que describen muchos participantes es cuando un orador se dirige a un público de un sector muy diferente al suyo y trata de meter con calzador sus mensajes o de explicar por qué es relevante para el público.

Lo odian. Por lo general, nos dirigimos a grupos muy formados que pueden dar este salto con facilidad y no necesitan sentirse condescendientes en el proceso. Sin embargo, creo que es importante tener tus propias opiniones y compartirlas de manera honesta y con total transparencia».

Mark Schulman (baterista y violonchelista que ha actuado con una galaxia de estrellas de la música, y que ayuda al público a desbloquear su actitud de estrella de rock, a la vez que proporciona estrategias empresariales prácticas e innovadoras)

«He visto a algunos de los mejores oradores salir con las manos vacías, sin nada. Por el contrario, cuando he visto a oradores utilizar muchos materiales, me he dado cuenta de que me distraía y no siempre salía con una comprensión clara del contenido. Menos puede ser más. Si un orador está convencido de que una información esencial mejorará su presentación utilizando una imagen visual, debería hacer una pausa y dejar que el público lea y absorba la información. Después, que vuelva a hablar cuando lo hayan hecho. Es una forma de asegurarse de que se concentran solo en una cosa».

Daisy McAndrew (locutora, popular moderadora de conferencias y presentadora de galas de premios)

«Haz que sea claro y evidente que has terminado. Es muy fácil, incluso si el discurso no ha ido bien —¡que irá bien, porque has leído este libro!—. Puedes terminar con un buen sabor de boca tan solo levantando la cabeza, tal vez poniendo los brazos en alto y diciendo: "Señoras y señores, muchas gracias por…". Practica esto último. Tienes que practicarlo y hacerlo a lo grande, porque no es que estés pidiendo un aplauso, sino que estás haciendo un favor al público al no avergonzarlo. Tienes que decirte a ti mismo que por eso haces ese gesto tan grandioso, porque en realidad es lo último que recordarán. Y cuando rellenen los formularios sobre si estuviste bien o no, y si te vuelven a invitar… "Bueno, estuvo bien pero luego se apagó. No sabía si aplaudir, y luego me avergoncé y miré al suelo, y no pude establecer contacto visual con ellos porque me sentí muy desalentado". Puedes arruinar todo un discurso por unos malos cinco segundos finales».

Cathy O'Dowd (la primera mujer que escaló el monte Everest desde la cara norte y desde la cara sur)

«Las preguntas y respuestas pueden ser divertidas, y está claro que a algunos tipos de público les encantan. A veces el público tarda unos minutos en entrar en calor. Así que desaconsejo eso de "solo una o dos preguntas". O no lo hagas, o reserva cinco o diez minutos para ello. A menudo descubro que lo que parece una o dos preguntas vacilantes en el primer minuto se convierte en una avalancha a los cinco minutos. También tengo una frase que suelo utilizar para reconocer y burlarme de ese silencio incómodo mientras todos esperan que alguien sea el primero en levantar la mano. Parece que ayuda a aliviar la tensión».

Debra Searle (aventurera, empresaria y defensora de la igualdad de género que ha cruzado el Atlántico a remo en solitario)

«Hay varias formas de saber si ha funcionado: el que la gente se acerque a ti para hablar es un indicador muy importante. Y si cuando después hablan contigo, cuando captan las partes de tu discurso que les han parecido útiles, ¿lo transmiten palabra por palabra? La razón por la que digo esto es porque, cuando lanzamos mensajes clave, es crucial que haya mucha repetición en el mensaje clave. No puedes decirlo una sola vez, porque la gente no lo recordará. Por ejemplo, una de las cosas de las que hablo mucho es: "Elige tu actitud". Y si no lo he dicho bastantes veces a lo largo del discurso, la gente se acerca y más o menos lo entienden, pero no lo entienden del todo. Podrían decir: "Elige lo que piensas". Si dicen algo así, pensarás: "Vale, entonces no lo he repetido lo suficiente"».

Nigel Barlow (defensor del pensamiento diferente, la colaboración y la innovación a través de la disrupción)
«Los mejores materiales para llevar contigo son visuales y breves, perfecto si han sido creados por los propios asistentes. Hay que fomentar la vieja técnica de los mapas mentales, creada por Tony Buzan. Porque el propio acto de filtrar la información y asimilarla con palabras clave, colores e imágenes durante una charla garantiza el regalo más poderoso que tiene un oyente: su atención se centra por completo en el material a medida que se expone».

Índice